从捣蛋鬼到男子汉

如何让男孩长大又成人

[美] 科琳·凯斯勒 著

吕红丽 译

中信出版集团 | 北京

图书在版编目（CIP）数据

从捣蛋鬼到男子汉：如何让男孩长大又成人/(美)
科琳·凯斯勒著；吕红丽译. -- 北京：中信出版社，
2024.6
书名原文：Raising Resilient Sons
ISBN 978-7-5217-6383-6

Ⅰ.①从… Ⅱ.①科…②吕… Ⅲ.①男性—家庭教
育 Ⅳ.①G78

中国国家版本馆CIP数据核字（2024）第050455号

Raising Resilient Sons: A Boy Mom's Guide to Building a Strong, Confident, and Emotionally Intelligent Family
by Colleen Kessler M.Ed
Copyright © 2020 by Colleen Kessler M.Ed
through Andrew Nurnberg Associates International Limited
Simplified Chinese translation copyright © 2024 by CITIC Press Corporation
ALL RIGHTS RESERVED

本书仅限中国大陆地区发行销售

从捣蛋鬼到男子汉：如何让男孩长大又成人

著　　者：[美]科琳·凯斯勒
译　　者：吕红丽
出版发行：中信出版集团股份有限公司
　　　　　（北京市朝阳区东三环北路27号嘉铭中心　邮编 100020）
承　印　者：北京联兴盛业印刷股份有限公司

开　　本：889mm×1194mm　1/32　　印　张：11.5　　字　数：150千字
版　　次：2024年6月第1版　　印　次：2024年6月第1次印刷
书　　号：ISBN 978-7-5217-6383-6　京权图字：01-2024-0971
定　　价：49.00元

版权所有·侵权必究
如有印刷、装订问题，本公司负责调换。
服务热线：400-600-8099
投稿邮箱：author@citicpub.com

致特雷弗和艾萨克——我那坚强、自信又坚韧的儿子

致莫莉和洛根——我那坚强、自信又坚韧的女儿

致布莱恩——与我共建高情商家庭并支持我的伴侣

目　录

引言：男孩可以成为什么样的人 / I

准备迎接挑战

第一章　坚韧：内在力量和韧性 / 6

帮男孩构建积极的大脑通路 / 8

反复刺激一条通路，这条通路便会得到增强。对男孩示以尊重和关爱，当身边的人都以同样的方式对待他们时，他们就会展现出最好的一面。

找到男孩成长所需的工具 / 11

轻松愉悦的活动有助于增强免疫系统，产生积极情绪，释放多巴胺等激素。制作快乐清单，与孩子保持同样步调，让孩子感到安全、安心和被爱，他们便能发挥自己独特的优势。

第二章　情商：传播善意和能量 / 15

参与其中 / 17

深入参与到孩子的思想、情绪和行为之中。花时间引导孩子应对各种情绪，帮他理解自己感受到的一切，管理自己的情绪反应。

引导孩子 / 21

提升孩子情商的关键是共情和认可孩子的感受。始终如一地尊重他的感受，不教导他应该有什么感受，并告诉他可以控制自己的行为和反应，掌控自己的生活。

第三章　强大：成为内心强大的母亲 / 26

　　培养自己的情商 / 28
　　了解自己的感受和反应，无惧向孩子展示自己的情绪，这样才能知道如何指导孩子，让他们在遇到挫折时学习调节自己的情绪。

　　解决自己的情绪问题 / 32
　　先把自己照顾好，才有能力照顾和帮助孩子，反之，你会怀疑自己的价值，也无法让身边的人受益。

　　与他人分享感受 / 33
　　当你感到焦虑时应该告诉孩子，与他分享你的感受和压力，这能让他学会用语言表达自己的感受，并掌握调节情绪的方法。

　　主动寻求帮助 / 34
　　听从身心的需求。遇到让自己感到不舒服的事时，要勇于说"不"。也可以避开生活中那些让你焦虑的场面，暗暗储存能量，待到真正无法避免时你才能平静面对。

　　为生活注入快乐 / 35
　　负面情绪的累积会成为沉重的负担。做些能给你带来快乐的事是培养和提高韧性的最佳方法，比如放松一天、读一本书、和孩子一起看节目等。

学会放手

第四章　游戏：勇敢挑战和解决问题 / 42

　　游戏的力量 / 43
　　游戏能塑造孩子的性格，让孩子掌握自主选择权；游戏能帮孩子增强活力、树立信心和调节情绪；游戏还能提高孩子的创造力，帮孩子学会解决冲突

敢于退居幕后 / 47
允许孩子自己解决问题，可以帮助孩子开拓新的能力，养成永不气馁的品格。当他需要帮助时，父母再适当介入，充当他的顾问。

让孩子主导 / 52
有些孩子具有自我主导的能力。帮孩子找到他喜欢的发展方向，获得内在满足感，学会平衡学习和游戏的关系。

第五章　重塑期望：真正男子汉 / 56

跟随孩子的步调 / 58
关注和了解孩子，发现他的独特性，为他赋能，帮他发现自己的激情、特质和技能，创造属于自己的理想，成为自己想成为的人。

让孩子体验失败 / 61
经历失败以及从失败中吸取教训，可以培养孩子的韧性。敢于让孩子从小事中体验失败，孩子便能找到让自己变强大的方法。

第六章　培养自信：获得力量感和价值感 / 65

神奇的大脑和可塑性 / 67
自信的形成由大脑中负责社交的部分决定。父母要与孩子建立信赖关系，向孩子展示他值得被关爱，父母能与他共情，理解他的感受，满足他的需求，为他构筑情感基础。

五种有效关心孩子的方式 / 68
参与，关注，欣赏，喜欢，关爱。父母要学会在各种小事上表达和展现自己对孩子的关心。

别让孩子过于苛责自己 / 74
帮助孩子处理头脑中那些告诉他自己不够好的声音，打破自我厌恶和自我指责的恶性循环。可以在家中创造和平友爱的环境，给孩子安全感。

打败内心的批评家 / 78
引导孩子了解内心中的那个批评家，关注自己与内心的对话，学会以更加友善的方式对待自己。

建立人际关系

第七章　家庭支持：归属感和安全感 / 87

从共情开始建立情感联结 / 90
共情不是一味赞同，也不是同情他人。其核心是我们站在别人的立场上产生的感受，感受他人的感受。

革命性的男子气概 / 92
男子气概的标志不是封闭和抑制自己的情感，而是善解人意。这种特质能让男孩成长为优秀的男人、丈夫和父亲，让内心充满力量。

感受，修复，重试 / 94
给孩子时间和空间来处理情绪，并对其感受做出反应，帮孩子学会掌握面对挑战时的宝贵应对机制。

珍视与孩子相处的时间 / 95
不要只用我们以为的更重要的事占满与孩子交谈共处的时间，这样会阻断他想要分享的意愿。真心了解他的生活和思想更为重要。

共度美好的家庭时光 / 98
创建自己的家庭传统，做好计划。如果是多子女家庭，尝试和每个孩子一对一相处，帮他们找到自己喜欢的事物，发展自己的兴趣。

第八章 　融入社会：扩大关系圈 / 103

去往更广阔的世界 / 108
随着孩子的成长，他们要建立更丰富的社会关系，认识新朋友，收获新体验，并意识到自己在外面的社会中也有一席之地。同时，鼓励孩子积极亲近自然，在观察中学会无畏地成长。

拥有有意义的社会关系 / 109
为孩子创造体验社会关系的机会，并且平衡保护和过度保护两者之间的关系。如果孩子因此承受了很大的压力，我们需要退后一步。

不变的关爱和适时的放手 / 114
通常情况下，孩子把我们推开是因为这么做比向我们求助更容易。孩子会不断试探自己拥有多大的自主权。该关爱时关爱，该放手时放手，该安慰时安慰。

第九章 　培养坚强的性格 / 118

传授正确的价值 / 121
只告诉孩子如何做、应该重视什么是不够的。我们必须通过教导、鼓励和及时纠正，让孩子了解我们珍视的价值。

尊重差异，心怀包容 / 123
孩子会像海绵一样吸收身边人的思想和态度。当遇到偏见时，不要只告诉孩子扭曲的信息和刻板印象是不真实的，还应分享正确的信息。

延迟满足和自我控制 / 125
诚实、正直、公正的男孩不仅品格优秀，往往也有很强的自控力。帮助孩子学习接受延迟满足，并不断磨炼，让孩子逐渐意识到他们可以掌控自己的生活。

找到内部驱动力

第十章 正念生活：专注于当下 / 133

做注意力的主人 / 135
放慢速度，一次只做一件事，全神贯注地做。

创造一个安全的空间 / 136
鼓励孩子认识自己，在安全空间里思考问题，享受独处。

让头脑活跃起来的方法 / 137
正念练习可帮助孩子积累内在能量，从根本上提高韧性和情商。

回应孩子的愿望和需求 / 138
对于发生在我们身上的事情，我们不仅会适应身体上的反应，也会适应自己体验到的内在反应。

三种基本情感需求 / 139
安全感、满足感和情感联结能帮助我们保持脚踏实地，平衡生活，充满自信。

承认自己拥有正常的需求 / 140
承认自己需要依靠他人是成长和成熟的标志。让孩子学会关注自己的需求，当他们表达自己的需求时，也要对其做出反应。

回忆心怀感恩的时刻 / 141
如果我们能用心感受并懂得欣赏，我们也能从坏事中受益。

克服恐惧的练习 / 143
大多数情况下，孩子会过度夸大威胁的程度，低估自己的内在力量。和他一起做个练习会有所帮助。

第十一章　通往坚韧的道路 / 146

艰难时期仔细倾听 / 148
在孩子遇到困难时仔细倾听，我们就能像侦探一样发现蛛丝马迹，然后寻找线索，判断问题，与之沟通。

安排活动保持常态 / 153
无论生活变得多么混乱，我们仍然可以为孩子安排一些常规活动，给予孩子安全感。记住，对自己和孩子都要有耐心。

互助互爱走出困境 / 154
乐于助人的品质能增强孩子的自控力和自尊心，让他在面对挑战时能更好地应对，也能更快地走出困境。

结语：相信自己和孩子 / 157
致谢 / 161

引 言：男孩可以成为什么样的人

> 男孩应该成为什么样的人，男孩为何而生。
>
> ——罗伯特·贝登堡

我迫切想要一个儿子。

别误会。我深爱着我的女儿们，只是最初要孩子时，我的梦想是要一个男孩。我想象着和儿子相互依偎的温馨，想象他光着小脚丫在我身边跑来跑去的欢畅，想象他眼中闪现着对妈妈的依恋，还有男孩妈妈们专享的各种美好。

我想象他作为一个大哥哥，一定会时刻呵护自己的弟弟妹妹，为他们打抱不平。"我的弟弟妹妹，我想怎么逗就怎么逗，但谁要是敢欺负他们，我绝不客气！"他会保护弟弟妹妹，逗他们开心，和他们一起恶作剧，懂得心疼他们，就像一位出色的领导，带领弟弟妹妹共同成长。

我的儿子们应该既善解人意，又聪明伶俐。他们不会太调皮捣蛋。而我也不会墨守成规，只给他们买那些所谓的"男孩子应该玩的玩具"。我不会给他们买什么枪啊，剑啊或者武器之类的玩具……这一点没商量！因为我不希望他们有任何暴力行为。他们会变得沉着冷静又不失创造力，活泼可爱又善良友善，既有男孩子顽皮不羁的一面，又有柔情似水的一面。我会给他们买卡车和汽车玩具，也会给他们买洋娃娃。我希望我的儿子们既吃苦耐劳、勤奋上进，又有爱心有担当。

这就是我过去的想法，你们是不是已经开始嘲笑我了？

很多书籍和文章都告诫新手妈妈们，不要把儿子培养得过于男性化，过于争强好胜。他们恳请父母，不要把儿子培养成刻板印象中的男孩，什么"男孩就要有男孩的样子"，什么"扯女孩的辫子又何妨"，而是应该把儿子培养成温文尔雅、安静听话的孩子。

我的长子出生时，我曾努力想成为这样开明的妈妈。我会抱着他，轻轻地摇着他，给他讲美妙的故事。而他也会依偎在我身边，听我讲故事，虽然看到小狗过来时，他一定会使劲儿拽下一把狗毛；他的睡眠不稳定，时断时续；无论路过哪里，他都会把搭好的积木全部打翻。

某天我和几个朋友在咖啡厅聚会时发生的事让我毕生难忘。我们几个人组建了一个互助小组，一起阅读关于信仰、子女教育、母爱和女性的书籍。我们一般每周聚会一次，讨论新篇章中的内容和新手妈妈遇到的问题，相互关心，彼此安慰。我的朋友们有两个可爱的小女儿，和我的儿子同龄，都只有一岁半。两个小女孩也刚学会走路，这会儿正乖乖坐在餐厅里高高的木制儿童餐椅上，桌面上摆着五颜六色、精心制作且整齐切好的零食和她们的吸管杯，妈妈们则安心地坐在桌前聊天。

我那刚学会走路的儿子却钻到桌子底下，在我们的脚边玩他的玩具小汽车。他拿着小汽车对撞，还不忘配上音效。我给他带的图画书早不知被他忘在了哪里，要不然就是被他用来搭成小汽车穿行的隧道和坡道了。我们坐在咖啡厅里相对冷清的一个角落，他就在我们的桌子底下钻进钻出。我把涂色卡递给他，他却扔在一边。我想给他擦掉沾在脸上的糖霜，他一使劲儿挣脱了，结果不小心摔倒，眼睛撞到了旁边的桌角，

引言：男孩可以成为什么样的人

顿时发出一声哀嚎，声音大得在两个城市之外都能听得一清二楚。

我的儿子不可能安安静静地坐下来玩涂色卡，他总是喜欢动来动去。为了让他安静下来，我略施小计，在家里放了许多毛绒小动物，还准备了一些游戏和分类玩具。好吧，我承认我的计谋并未得逞。他不是把积木推倒，就是不停地摔打毛绒玩具，要么把分类玩具做成各种武器，说是要保护我免受入侵者的伤害。他是我的盔甲骑士，随时准备保护我的生命、捍卫我的荣誉。

他总是爬到高处或梯子上，上蹿下跳，见什么抓什么，什么危险就玩什么。我只是转了个身，他就消失得无影无踪。在那次令我尴尬的咖啡厅聚会后的第二天，我在家里收拾他的玩具，他则在一旁一边玩"小小爱因斯坦"[1]，一边随着动画片里的音乐蹦来跳去。我们的房子不大，仅有一百平方米。我把装着玩具的箱子从门厅拖到里屋再回来时，不过短短几分钟时间，动画片还在播放，但我的儿子已不见踪影。

我在家具底下和花盆后面找了一遍，都没有发现他。突然，我听到楼上有水流声，是从唯一一间带浴缸的浴室里传来的。这座小房子建于19世纪50年代，楼梯又窄又陡。我几个箭步冲了上去，跑进浴室，发现他正站在浴缸里，湿漉漉的尿不湿和短裤堆在地板上；连体衣被他脱了一半，耷拉在身上，衣角不住地往下滴水。他手里拿着花洒头，对着自己的脸使劲儿喷水，水珠一颗一颗地从他的脸颊上滚落，而他黑色的眼睛中闪烁着兴奋的光芒。

他利用从动画片《宝宝手语》(*Baby Signs*)中学到的知识，朝我比画了一下"水"的动作，然后咧嘴一笑，脸上满是自豪。我感到又好气又好笑，只好无奈地叹了口气，帮他把衣服脱下来，然后坐在马桶座上

---

[1] 为3个月到4岁的婴幼儿设计的一系列多媒体产品和玩具。——译者注

慢慢地调整呼吸，平复一下情绪，而他拿着花洒玩了几分钟后——果然不出我所料——又跑没影了。

《养男育女调不同》（Why Gender Matters）一书的作者莱昂纳德·萨克斯博士指出，无论我们如何精心计划或设计，男孩女孩终有别，父母、老师及看护人都应该了解他们之间的差异，才能帮助孩子们充分发挥潜能。作为父母，我们面临的最大的挑战之一就是弄清楚这些差异究竟是什么，它们在自己的儿子身上有什么样的表现，然后运用这些知识培养孩子，成为优秀的父母。

萨克斯博士在书中阐述了我们可以在男孩身上发现的一些典型特点，如注意力不集中、生性好动、容易冲动和具有攻击性，人们往往误解这些特点源自男孩的生理特性，但是实际上只要处理得当，这些特点反而有助于释放他们的潜能。

迈克尔·C. 赖克特博士在其著作《如何培养一个男孩》（How to Raise a Boy）一书中提到，大多数育儿书籍对男孩的讨论所传递的信息主要分为两个阵营：（1）男孩是在生理因素的驱使下才变得顽皮捣蛋、喜欢攻击和擅长冒险；（2）他们是社会文化的无辜受害者，落入我们先入为主的性别规范。赖克特博士还指出，人们在讨论男孩的过程中忽视了他们的梦想是多么富有想象力，他们的目标有多么激励人心，以及他们的天性是多么可爱。他们究竟应该成为什么样的人。他们为何而生。

无论从生理的角度还是社会生态学的角度来说，我们的儿子都不是受害者。但是长期以来，他们确实处于不利境地。诚然，男孩的确有些不同，这又有什么关系呢。他们本来就应该不同。而作为男孩的妈妈，我们的任务就是帮助他们学会运用自己的能力，不断壮大自我，同时培养他们的同理心。

引言：男孩可以成为什么样的人

作为男孩的妈妈，如今我总在为我的儿子们担心。我担心他们会因为天生的生理和神经特点而受到歧视。我担心他们会仅仅因为是男性而得不到他人的信任。这些对男孩的歧视和不信任既不公平也不合理。因此，作为男孩的妈妈，我们不能听之任之，我们应该反击。我们要为我们的儿子挺身而出，我们应该以身为男孩的妈妈而骄傲。我们能够把我们的儿子培养成正直、自信、诚实和富有同情心的人。我们能够提升他们的情商，教他们学会换位思考，学会思辨和捍卫正义。我们能够帮助他们建立强大的内心，培养他们承受挫折的能力，使他们具有坚韧不拔的意志；那么待他们长大成人后，无论是为人友、为人夫或是为人父，他们均可出类拔萃。

2019年，《华盛顿人》发表了一篇文章，题为《我13岁的儿子加入另类右派后发生的一切》，讲述了作者的儿子在学校里的一次经历。她的儿子当时十几岁，因一件不断升级的负面事件被女孩指控性骚扰，不过，最后女孩也承认这一指控并不真实。男孩因此十分迷茫，对学校的管理者和辅导员感到失望，他们本应支持和帮助他，却未尽到应尽的责任。在故事的结尾，她的儿子最终走出了那段黑暗时光，但之前却遭遇网络暴力，也因此失去了在未遭到指控时拥有的那份纯真。妈妈们，这太可怕了。

文章中写道，一名学校管理者对这个男孩及其父母说，作为一个女孩的父亲，同时作为学校的管理者，他的首要责任是相信并保护学校里的每一个女孩。他曾亲口在学校的会议室中承认，与男孩相比，他更相信女孩的言辞。被指控的男孩坚称没有对女孩做过任何事或说过任何话，女孩后来也承认这一切都是她编造出来的，因为她想让他喜欢她。然而，仅仅因为他是男生，这位管理者就选择不相信他。可是为此我们要付出怎样的代价呢？如果这个世界仅仅因为男孩的性别而不信任他们，我们又如何让我们的儿子心甘情愿为自己和他人挺身而出呢？

这又向我们的儿子传递了什么样的信息？难道仅仅因为他们是男性，就需要时时刻刻保持完美，做到无可指摘？把这样的压力施加在一个小男孩身上，显然不公平。童年本就是允许孩子们犯错并从中吸取教训的时期，在这样的时期，只有得到身边人（来自家庭、学校等场所，或是来自在家教育共学班——如果他们不是在传统环境下接受教育的话）的呵护和照顾，他们才能不断成长。童年时期的男孩或女孩都会犯错。这个时期的男孩或女孩都会做一些冲动的事，说一些无意间给别人带来麻烦的话，或者一次次挑战他人的底线。我们有责任相信所有的孩子，帮助他们塑造坚韧不拔、诚实正直的品格并提升他们的情商。男孩的妈妈们，我们有责任挺身而出，保护我们的儿子，把他们培养成优秀、坚强的男人。

我是两个男孩的妈妈，我为此感到骄傲。我的儿子们古灵精怪、富有创造力，而且聪明伶俐、活泼有趣，但他们有时也会冲动鲁莽、缺乏专注力。我还是两个女孩的妈妈，我同样为此感到骄傲，因此我也能理解父母保护女孩的本能。我发现我对大儿子往往比对他姐姐更严厉，因为我总认为儿子比女儿强大，"理应保护她"。

在如何养育男孩方面，我还在不断学习和摸索。我知道，如今有铺天盖地的信息教我们如何为人父母或如何做男孩的妈妈。关于如何培养最优秀的男孩，如何培养自信的孩子、坚韧的孩子或具备高情商的孩子，以及如何养育多动症儿童、天才儿童、有特殊需求的儿童等各方面的书籍，市面上应有尽有。

面对如此多的信息，我们很容易感到不知所措。如果你是男孩的妈妈，可能你也会像我一样坚定地相信他们一定能够成为应该成为的人。他们天生就喜欢冒险。他们一定会变得坚强自信，保护无辜的人和受害者。他们一定会捍卫正义，为爱而战。他们肯定善于开拓创新、勤于思考、谨言慎行、乐于助人，能够与周围的人和身边的世界相融相通。

我们将在本书中探讨坚韧和情商背后的理念，及其对我们宝贝儿子的影响。我是一位母亲，有真实的育儿经验，同时热爱研究，擅长分析繁杂的信息，从中提炼出实用且普适的经验。因此，读完本书，你将获得大量可行的建议和策略，帮助你了解自己的儿子（从牙牙学语的小孩到高大魁梧的青少年），打造你梦想中的家庭。我相信你一定能实现自己的目标。

深呼吸，给自己准备一杯咖啡（或一杯葡萄酒），不妨再来点巧克力。妈妈们，我们启航吧！

1 准备迎接挑战

不经历风雨，难以磨砺性格。
只有经历过试炼和苦难，灵魂才能升华，
雄心才能激发，成功才能实现。

——

海伦·凯勒

迈尔斯是一个讨人喜欢的小男孩。他有金色的头发、蓝色的眼睛，笑起来的时候脸上还会露出两个小酒窝，顽皮又可爱。他从小就喜欢所有男孩喜欢的事——少年棒球、足球和篮球，而且样样出色。刚上学的时候他很受欢迎，操场上总是有许多孩子围着他，他也总有参加不完的生日派对、聚会和体育活动。每当他的妈妈说起邻居、朋友和亲戚多么喜欢她的儿子时，自豪之情溢于言表。

不过，迈尔斯并不是最优秀的学生。尽管他的学习成绩还可以，考试也能勉强及格，但是他上课总爱说话，老师经常批评他。高中的时候他喜欢运动，又频繁约会，学业因此落后于人。尽管如此他也不太在意，因为他知道如何钻空子，如何在考试中作弊。为了让他更好地融入朋友圈，父母为他配足了"装备"——汽车、名牌衣服和手机，他的每一场比赛和颁奖晚会父母都会亲临现场并为他助威。然而，他还是到处惹麻烦：要么作弊、撒谎，要么溜出去玩。他的爸爸也会因此发怒，但这时妈妈会劝丈夫冷静，提醒他迈尔斯承受的压力有多大。不管迈尔斯惹了什么麻烦，妈妈总会帮他收拾烂摊子。

上大学后，迈尔斯的生活和学业都是一团糟。因为妈妈不在身边，他根本不会管理自己的时间。他的成绩本来就不算好，现在更是一落千丈。他开始逃课，毕竟逃课比听教授讲课轻松多了。到大一第三学期时，他退了学，搬回家里，在妈妈工作的地方找了一份兼职。

和我们大多数人一样，迈尔斯的妈妈也希望自己的儿子过上幸福快乐、无忧无虑、远离痛苦的生活。我们都希望自己的儿子在成长过程中顺风顺水、平安健康，能在比赛中取得成功，获得优异的成绩，而且不沾毒品、洁身自好。我们都希望我们的儿子生活在没有同辈压力、欺凌、疾病、争斗、贫困或犯罪的世界。像你我这样有儿子的妈妈们，总是会想象我们能够保护我们的儿子，不让他们感到受伤、心痛、失落和不幸。

然而事实是，如果我们把儿子与所有的冲突隔绝开来，对他们来说反而是一种伤害。虽然迈尔斯的妈妈一心为儿子着想，但她的过度控制剥夺了他养成坚韧性格和提高情商的机会，因而也剥夺了他凭自己之力走向成功的机会。

如果我们的儿子从未经历过失败和挑战，就永远感受不到迎难而上、战胜逆境的满足感。他们也无法知道面对困境时自己究竟能变得多么强大，能做出多大改变。如果我们的儿子从未经历过挑战，就没有机会体验成功的感觉，也享受不到成功的喜悦。

作为母亲，谁都不会真的希望自己的孩子去经历苦难，然而在育儿这件事上，我们需要面对现实。现实中我们不会永远一帆风顺，总会有挫折与困难。我们的目标应该是帮助儿子养成坚韧的性格，而只有那些在平日的道路上经历过颠簸的孩子，在面对真正的挫折时才能勇敢地走出困境。我们需要让儿子像一棵大树一般长出粗壮的根，深深扎入土壤，然后茁壮成长，变得枝繁叶茂。

我们既要帮助他们，又要避免适得其反，这就需要培养他们坚韧不拔的精神，让他们具备克服艰难困苦、在困难之中越挫越勇的能力。与此同时，我们还需要指导他们提升情商和自我调节的能力。如果他们能够了解自己的情绪和对事物的反应，并且能够较好地控制这些反应，同时理解他人的情绪需求，他们就会变得更加成熟并最终迈向成功。

最后，妈妈们，我们还需要关爱自己。把儿子培养成一个坚韧不拔的人固然重要，但如果我们为此把自己的精力耗尽，对我们的家庭并无益处。"空杯中倒不出水来"并非陈词滥调，而是事实。如果你无法管理好自己的情绪，又怎能在自我调节方面为儿子树立榜样呢。还有，妈妈们，如果我们大包大揽什么事都为他们做了，结果把自己累得筋疲力尽，以至于他们永远不想拥有自己的家庭，因为他们没有从你身上看到家庭带来的乐趣，那我们又为儿子树立了什么样的榜样呢？

不过，请相信自己，你既可以培养出坚韧不拔、具有高情商的儿子，也能在此过程中照顾好自己。你能做到，我确信。

第一章

坚韧：内在力量和韧性

> 勇气并非总是以轰轰烈烈的方式表达。
> 有时在一天结束时轻声对自己说一句"明天再试一次"，
> 这也是一种勇气。
>
> ——
>
> 玛丽·安妮·拉德马赫

嫁给杰伊的父亲后，克里斯蒂当上了全职妈妈。那时儿子杰伊9岁，学习成绩优异，在她眼里是个格外聪明的孩子。但是，儿子上到九年级时，她和他却因为学习问题产生了矛盾。

他们家有一条家规，即杰伊的主要任务是学习，没有完成学习任务就不能参加任何课外活动。然而，九年级快结束时，杰伊的代数考试竟然不及格，他的父母简直不敢相信。他的数学成绩一直很好，可老师说他没有完成学校的作业，考试前也没有复习。老师还说已经警告过他，如果他想在十年级时提升自己的数学水平，就必须参加暑期代数补习班。可惜，这一警告对杰伊没有产生什么影响，他的成绩还是不及格。克里斯蒂和丈夫只得给他报名参加为期6周的暑期线上代数补习班。

第一章　坚韧：内在力量和韧性

杰伊的补习班开课了，这时他却听到一个让他感到为难的消息：他参加的青年团体服务营即将在3个星期后开展活动。服务营活动为期一周，他们要去辛辛那提市，在那里为社区提供服务。杰伊好不容易到了可以参加这项活动的年纪，自然感到非常兴奋。遗憾的是，服务营的活动时间与补习班的时间产生了冲突，而令人讨厌的家规又规定完成学习任务后才能参加活动。

杰伊只得坐下来上代数课。他知道，除非完成补习班的课程，否则他去不了服务营。于是他开始每天坐在家里听课和做作业。两周后，克里斯蒂收到一封电子邮件，告知她杰伊参加了所有考试，包括期末考试，成绩也出来了。他在两周内学完了为期6周的代数课程，而且考试成绩是A！

这位一度缺乏上进心的年轻人，因为有了勇气和毅力，最终做到了老师都没法说服他去做的事。一周后，杰伊去参加服务营了。

决心、勇气、动力、内驱力、自我价值感、善良和信心等精神力量可以帮助我们的儿子形成坚韧的性格，让他们有能力应对压力，在追求目标的过程中克服最困难的挑战。坚韧的性格能滋生幸福感，也就是爱、快乐、平静和安宁之感。孩子的坚韧之根扎得越深，快乐感就越强，幸福感也会随之增加，进而又会变得更加坚韧，更加快乐。这是成长的良性循环，能使我们的孩子日益坚强，情商日渐提升。

问题的关键在于，我们如何让这些品质在儿子身上扎根，使他们有能力把人生中遇到的短暂挑战和挫折转化为持久的内在力量和韧性。为此我们需要了解神经学和神经可塑性的相关知识。

帮男孩构建积极的大脑通路

我和孩子们谈论大脑时通常会使用简单易懂的术语，像是"神经网络"和"脑部肌肉"之类，本书也是如此。孩子的大脑会不断发育，因此，无论我们从什么时候开始帮助他们的大脑建立新的连接，或者确切地说，改变他们的大脑对事物的反应方式，都为时不晚。请告诉你的儿子，如果他们反复刺激一条通路，这条通路便会得到强化。他们可以像学习其他东西一样，通过反复练习让自己变得更加冷静自信、更具同理心。

人类的大脑可以随着经历的改变而改变。我们的儿子将注意力放在哪里，决定了他会形成什么样的性格。而这又取决于我们为他们创造的机会以及提供的内容。因此，我们需要为他们创造条件，帮助他们增强自身的韧性。

正念可以帮助孩子形成成长型思维模式，培养他们的韧性。坚韧的人看到的始终是机会，而不是挫折。他们不会自找麻烦，在面对问题时，他们会将其视为积累经验和积极成长的机会。我们希望儿子们也能将挑战视为成长的良机，因为在生活中我们会不断经历成功与失败，如果能以积极的心态面对失败，成功也会变得更加精彩。

撰写本书时，正值新冠肺炎疫情暴发，国家决定采取全面封锁的措施。天道不测，造化弄人。就在世界即将被封锁之前，我带着17岁的儿子特雷弗在得克萨斯州的沃思堡市参加了一场交流活动。给我安排的交流对象是那些由于种种原因让孩子在家里学习的父母。我将和他们探讨如何缓解焦虑、提高执行能力的技巧以及如何为那些不适合在学校接受教育的孩子创造丰富多彩的家庭学习体验。特雷弗一直在我的展位上

第一章 坚韧：内在力量和韧性

帮助我、陪伴我。我们喜欢一起旅行。每次我去参加交流会时，都会带上其中一个孩子。

我们给特雷弗设计了一种别具一格的在家学习模式，现在他成功创办了一家音视频编辑工作室，成了一名自由职业者，因此，他没打算高中毕业后就去上大学，而是想继续做一名自由职业者，专心发展自己的业务。此外，他还打算另找一份兼职，这样就可以时常与外面的人接触。由于他和一个自由职业者（也就是我）生活在一起，他发现自由职业者经常沉浸于各种计划和网络世界中，容易与外界脱节。在交流活动期间，他利用休息时间与一个在线大学项目的代表讨论了计算机技术方面的问题。

在过去的几周里，我那时常焦虑、乐于深思的少年认真思考了他的过去、现在和未来。一天晚上，家里人睡下几个小时后，他从三楼的卧室来到我在一楼的办公室，那时我正在撰写本书。"妈妈，"他说，"我一直在思考一件事。其实，在我转换音视频和完成作业后的空余时间，我一直在思考这个问题。最近我不够努力，我想明年加把劲儿读完高三，然后和在得克萨斯州交流过的那位大学代表一起上课。我想一边攻读计算机工程学位，一边从事自由职业。我只是觉得自己做得还不够，应该多给自己一些选择。"

面对疫情带来的压力，他通过深度思考和正念策略来缓解焦虑，评估自己的现状，思考自己的发展方向，当他发现需要为自己创造更多机会时，便准备好迎接挑战和实现新的目标。在那次谈话之后，我们与那位大学代表取得了联系，幸好他还记得特雷弗。最后我儿子得以在那位代表所在大学的计算机技术学院实习，帮助其他学院的学生设计营销视频和虚拟现实体验。他的主要任务是攻读计算机科学学位，同时在现实世界中磨炼自己的编码和开发技能，继续发展他势头正旺的自由职业。

如果我们尊重和关爱儿子，确保他们身边的人也以同样的方式对待他们，他们就会展现出最好的一面。然而很多时候，我们将所有的精力和时间都倾注在他人身上，如我们的邻居、同事、家庭教师协会里的家长或是共学班里的人，却对自己和自己的家人不那么用心。我们能够公平、友善地对待他人，能够看到他人的痛苦和不幸，却对我们最爱的孩子过分强硬、挑剔、质疑、怀疑甚至苛刻。说实话，我们很容易养成这样的习惯。出门与他人在一起时，我们通常比较小心谨慎；而面对深爱的人，我们本应把自己最好的一面留给他们，实际上却恰恰相反，他们看到的往往是我们最糟糕的一面。

请你设想一下用对待好朋友的方式对待你的儿子。你会鼓励他、温暖他、与他共情，帮助他走出困境，陪伴他成长。你会经常喊他下楼（如果他是一个十几岁的孩子，就住在你楼上），或者陪他坐在阳台上看日落，让他给你讲讲这一天过得怎么样。你总能找到时间陪伴他。你会给他买他最爱吃的零食，看他露出灿烂的笑容。想一想如果你这样对待你的儿子，他会有什么变化。他会变得越来越自信，能够肯定自己的价值，更能包容他人，接受自己。也会有人告诉他他的价值所在，就像那位大学代表那样对待他，而且他会很容易在自己想要发展的领域获得学位。

我们对一个人的影响力越大，就越是有责任善待他。对患者而言，外科医生拥有掌控其生死的权利，因此他们担负着照顾和维护患者人身安全的深层责任。妈妈们，对儿子而言，我们拥有巨大的影响力，必须时刻牢记并谨慎对待他们。如果你把儿子视为一个需要用善意去温暖、用关爱去照拂的人，你就会改变与他们交谈时的语气和使用的语言；如果你知道你的言语会在潜移默化中影响他们，那么当他们把东西打翻、情绪失控或者大发脾气时，你的反应也会有所不同。

他们真的深受你的影响。你的儿子一直在观察你，模仿你和他们以及你和家人说话的方式。有时我也会忘记这一点，不高兴时会保持沉默。但是当我想到自己身为母亲，应该像一名外科医生对病人的生命负责那样对待我的孩子时，我就会努力为孩子们的生活注入活力。妈妈们，你们也能做到！我对你们有信心。

找到男孩成长所需的工具

生活就是一场旅行，这听起来虽然有些老套，但事实如此。在与儿子同行的旅途中，我们需要帮助他们找到成长所需的工具。如果我们能让他们（和我们自己）享受冒险的旅程，那么我们都会获得更多快乐，也会变得更加坚韧。无论是轻抚小狗，在院子里追逐大公鸡，在炎热的日子里游泳，还是观察朋友如何减压，这些轻松愉悦的活动都有助于增强你的免疫系统，帮助你在沮丧或担忧时平复情绪。

随着这些活动产生的积极情绪不断增加，我们身体释放出的多巴胺、去甲肾上腺素和像内啡肽这样的内源性阿片类物质也会增加，这些都是能让人产生美好感觉的激素。如果你想提高自己对某件事的积极性，就要专注于你喜欢的部分。这会激励你为之努力，也会让你为之倾注更多时间。这些激素可以帮助你保持警觉和专注，同时缓解你的压力，减轻你在情绪和身体上的痛苦。

享受生活是关爱自我的一种有效方式，也能让你更好地照顾可爱的孩子们。想一想你喜欢做什么。我喜欢睡懒觉，起床后喝杯加了鲜奶油的热咖啡，读一本好书，和我的小狗或孩子依偎在沙发上，或是在树林里散步。你呢，你喜欢做什么？你的儿子喜欢做什么？试着列出自己喜欢做的事，让你的儿子也列一个清单。对比你们的清单，然后培养一种家庭文化，即每天设法让每个人做一些"快乐清单"中的事情，确保每个人每天都能享受到一些快乐。为什么不把这种文化变成日常仪式呢？给每个孩子和自己都准备一个日记本，每天晚上抽点时间把当天让你快乐的事记录下来（类似于"感恩日记"①）——哪怕是转瞬即逝的快乐。这很重要。

如果你能够与儿子保持同样的步调，你就会认识到一个个体怎样才能感到安全、安心和被爱。孩子们天生具备韧性。想想刚开始学习翻身的婴儿，想翻过去却翻不动时，他会怎么做？有的孩子会大哭，而有的孩子会不停地来回摇摆，努力尝试，最终成功完成翻身的动作。一开始会哭的孩子也会一次又一次地尝试，直至取得成功。因此，人生来就有韧性。作为母亲，我们的职责就是帮助儿子变得更加坚韧，充分利用并拓展这种天赋。

孩子们承受了很多压力。我们的儿子每天都要为上课学习、参加各种活动而奔波，小小年纪就承受着巨大的压力。他们的日程安排得满满当当，老师和家长要求他们努力学习，教练要求他们在赛场上表现出色，朋友们怂恿彼此去做更冒险的事情。不只如此，他们还要不断应对社交媒体和即时社交平台的连环轰炸。

---

① 每天怀着感恩的心情记录当日发生的美好的事情，用这种方式写成的日记就是"感恩日记"。——编者注

第一章 坚韧：内在力量和韧性

作为父母，我们需要引导儿子发挥自己独特的优势，学习应对压力的技能，克服不如人意的逆境，为应对新的挑战做好准备。仅凭自己，他们无法做到这一切。

我将在本书中分享一些育儿策略，旨在帮助你的孩子获得坚韧、自信和高情商的品质。虽然本书以培养孩子坚韧不拔的性格为主题，但大部分内容都是在教你如何聪明地育儿。听着，妈妈们，这个世界上没有什么灵丹妙药能立刻让你的孩子获得通向成功的所有能力。家长需要沉着冷静、持之以恒地发展孩子的天然优势。

我简单地总结了一下帮助男孩养成坚韧品质需要遵循的一些原则，之后我会在本书中深入探讨这些原则。

- 男孩需要绝对的爱和安全感。
- 他们需要与至少一个成年人建立有深度的情感联结。
- 学会放手是我们能为儿子做的最好的事情。
- 倾听总是比唠叨更有效。
- 我们应该以身作则。
- 培养能力可以增强自信，帮助儿子们不断成长。
- 让儿子懂得他们的命运掌控在自己手中。
- 让儿子掌握应对压力、处理逆境的策略和方法。

记住，对儿子而言，你们绝对是最棒的妈妈，本书以及本书中提到的观点和技巧只是为了帮助你、优化你已经在做的事情，验证你正确的直觉，帮助你与伴侣保持一致的步调。在过去的 10 年里，我就如何育儿和让有些稀奇古怪行为的孩子接受教育的主题为世界各地成千上万的父母写了数不清的文章，举办了数不清的演讲，俨然成了一名"专家"。不过，我希望你们谨记一点：永远不要相信任何专家（包括我），而应相信自己的直觉，因为只有你最清楚怎么做对你和你的孩子及家人最有利。你的儿子是独一无二的，而你就是他们绝对的权威。

我只是帮助你相信你自己。

只要我们共同努力，就能把我们的儿子培养成优秀、坚韧、坚强且具有高情商的人。

重点结论

1. 决心、勇气、动力、内驱力、自我价值感、善良和自信等精神力量是帮助你的儿子形成坚韧品格的要素。

2. 坚韧的人看到的始终是机会，而不是挫折。

3. 你对一个人的影响力越大，就越是有责任善待他。

4. 坚持培养家庭文化，每天设法让每个人做一些"快乐清单"中的事情，确保每个人每天都能享受到一些快乐。

5. 人生来具备韧性。你的职责就是帮助儿子变得更加坚韧，充分利用并拓展这种天赋。

6. 你需要引导儿子发挥自己独特的优势，学习应对压力的技能，克服不如人意的逆境，为应对新的挑战做好准备。

7. 不要轻信任何专家，而应相信自己的直觉，因为只有你最清楚怎么做对你和你的孩子及家人最有利。

第 二 章

情商：传播善意和能量

一次抚慰，一个微笑，一句暖心的话，
一次悉心的聆听，一次真诚的赞美，抑或是一份细微的关怀，
都拥有足以改变一个人一生的力量。
然而，我们却常常低估了这份力量。

——

利奥·巴斯卡利亚

这一年对我们家来说尤为艰难。最近我们和大家族里的一个成员闹翻了，这意味着圣诞节到来之际，那个人将不会在晚宴上出现。我们都需要调整自己的心情，特别是我的大儿子。

节日即将开始，我让孩子们坐下来，问他们想不想挑战在节日期间每天做一些善事。他们听到这个提议时兴奋极了。于是我们开始集思广益，思考用哪些方式可以当面或匿名传播善意。孩子们想出了许多点子，像是在一元店的玩具区里放一些钱啊，在免下车餐厅给排在我们后面的车买一份快餐啊，制作卡片送给医院的孩子们啊，给警察局和消防局的叔叔阿姨送饼干啊，等等。我们还在车里放了一个篮子，里面装

着拐杖糖、彩带、蝴蝶结和一些小卡片，卡片上写着"今朝往后，你无比重要，拥有无限的爱……祝你圣诞快乐"。如果有一天我们没有完成"当天的善事"，就可以用这些礼物传播一些快乐。

我那几个年幼的孩子们都乐在其中。女儿们拿着她们的小钱包，里面塞满了拐杖糖和小卡片，不停向沿途的路人分发，但我的大儿子却有点抗拒。我很少看到他如此害羞，因为他是我见过的最外向的人。可是在这件事上他退缩了，只是站在一旁观望。

一天下午，我们去沃尔玛超市买东西，里面熙熙攘攘挤满了人。但人们并没有对节日表现出太多热情，所以我只想赶快离开那里，带孩子们回家。轮到我们结账时，我像往常一样对收银员示以微笑并与她交谈，但她却对我的友好置之不理。她的名签上写着"索尼娅"，整个人看上去又老又憔悴，额头上、眼睛周围和手上爬满了深深的皱纹。她绷着脸，低着头，几乎没有抬头看我。这个女人全身散发着消极和悲伤的情绪，我感觉自己的乐观情绪都随之消退了。我想尽快离开，因为我开始感受到她的冷漠。她嘟囔了一声，我害怕再说一句话就会被她斥责，于是临阵退缩，一边迅速从包里掏出钱包，一边小声地让孩子们赶快把袋子放进购物车里。他们十分安静，沉默不语，听话地照做了。他们也感受到了收银员身上的负能量。

特雷弗睁大眼睛，静静地看着她，把东西一袋一袋地放进购物车里。等到她把购物小票递给我们，终于可以离开时，我才松了一口气。我毫无表情地对她说了声谢谢，然后推着购物车带孩子们离开，这时特雷弗却说："妈妈，等一下。"

他从妹妹的包里拿出一根粘着卡片的拐杖糖，朝收银员跑去。他拍了拍收银员的肩膀，正当她气急败坏地转过身时，他把拐杖糖递给她，等她接过糖果，他便转身朝我快速走来。我在一旁观察收银员的反应。只见她一时不知所措，瞥了一眼那张卡片，又回头看了看特雷弗。此时特雷弗已经走到我身边，停下脚步转身看着她。她转身对下一位顾客吼了一声"等一会儿"，然后拖着步子走向我的儿子，脸上露出笑容，泪如泉涌。她抱起我的儿子，放声哭了起来。

放开特雷弗后，她拥抱了我，对我们说："圣诞快乐，幸福的一家人。上帝保佑你们。"然后她又紧紧抱了特雷弗一下，匆忙回到收银台，对刚才吼过的那位顾客微微一笑。

我问特雷弗他为什么会想到给收银员送糖果，他耸了耸肩说："妈妈，我觉得她需要微笑。"从那天起，在降临节的每一天，无论我们去了哪里，他都会寻找需要微笑的人，然后送给他们一根拐杖糖。

参与其中

情商指管理自己及他人情绪的能力。对我们的儿子来说，拥有高情商意味着他能够控制冲动，延迟满足，接受挫折，还能够洞察他人，激励自己，读懂社交暗示，而且对自己和他人富有同情心。

1995年，在丹尼尔·戈尔曼首次出版了关于情商的开创性著作后，家长、教师、医生、治疗师、科学家甚至商界领袖才意识到情绪在我们和孩子生活中的各个方面扮演着多么重要的角色。相较于智商，拥有稳定情绪和处理情绪的技能对我们的儿子在今后的生活中获得成就（如人际关系和学业）发挥着更具决定性的作用。

对我们这些男孩的妈妈来说，我们需要了解儿子的情感和情绪，在他们遇到挫折的时候肯定他们、同情他们、安抚他们和引导他们。此外，我们也要庆祝他们取得的各种成就，与他们一起感受成功的喜悦。然而，我们往往太过于注重教育孩子，专注于纠正他们的问题，却忘了与儿子建立情感联结，忘了与儿子一起庆祝他们取得的大小成就。

戈尔曼在《情商：为什么情商比智商更重要》一书中写道："家庭生活是我们习得情感的第一所学校。在这个亲密关系的熔炉中，我们学会了如何感知自己的情绪，也了解了他人会对我们的情绪做出何种反应；我们学会了如何反思这些情绪，以及我们可以选择做出哪种情绪反应；我们还学会了如何解读和表达期待或恐惧。父母对待孩子的方式、如何处理自己的情绪和夫妻之间的相处模式，都是情感教育的途径。"那么，我们应该如何引导儿子（无论年龄）应对各种情绪呢？答案是，参与其中。

作为母亲，我们的工作是深入参与到孩子的思想、情绪和行为之中。这并不是说我们应该面面俱到，或者变成直升机父母[①]，为他们挡风遮雨，而是说我们应该花时间引导他们应对各种情绪，帮助他们理解自己感受到的一切，指导他们管理自己的情绪反应。然而，我们很容易形成一种习惯，在忙着养育孩子的过程中，总是忽视或指责儿子流露出的明显情绪。

我知道自己时不时就会掉入这样的陷阱。例如，每次我送小儿子去共学班时，他不愿放下手中的玩具或电子游戏，我总是对他大发雷霆，大吼着让孩子们快点上车，不然就要迟到了。有时我说他故意不讲理

[①] 指那些像直升机一样一直盘旋在孩子上空的父母，意在批评对孩子过度控制的行为。——译者注

第二章　情商：传播善意和能量

和胡闹，耽误了大家的时间；有时为了让他上车，我会用平板电脑贿赂他，让他带上车（忽视他的情绪）；有时我对他大喊大叫，说我已经受够了每周都要面对他这种讨厌的行为，因为一开始是他自己想去参加活动的，而我只想穿着睡衣待在家里看书（批评他的情绪）。

有时我也会耐心地对他说，我理解他想玩的心情，但是现在我们必须去共学班，因此他需要放下手中的玩具然后上车。虽然最后一种方式是较好的选择，但也有不足之处。如果我们想提升儿子的情商，就需要使用一些技巧来引导他们。

对小儿子艾萨克而言，我能做的就是蹲下身，和他保持在同一高度，正视他的眼睛，与他共情。我会对他说："我知道你一定很难过，因为我们周末太忙了，你没有多少时间玩你喜爱的玩具。宝贝，我也很累，我也不想每周一大清早就出门。但今天是共学班里所有朋友聚会的日子。我们答应过艾琳小姐今天会按时到达，她这会儿肯定正盼着我们去呢。"接着我会给他一个拥抱，紧紧抱住他，他会在我的怀里放松下来，释放紧张的情绪，然后我会问他活动结束回到家时他最想做什么。最后，我牵着他的手走到车旁，他的哥哥姐姐早已在那里等他了，我们会听他说说他的计划，然后顺利出发。

虽然有时情况比较棘手，你需要多花一两分钟引导孩子调节自己的情绪，但只要不断地练习，你会变得越来越得心应手。用这种方式引导他们时，你需要承认儿子的情绪，帮助他们说出他们正在经历的感受，允许他们释放这些情绪，同时认同这些情绪，陪伴他们，让他们感到安全，觉得自己的心声得到了倾听。此时切勿忽视他们的情绪或转移他们的注意力。你需要帮助他们认识到自己的情绪是正常的，产生这些情绪并没有错。你也需要多花一两分钟引导他们度过这一刻，但不要偏离主题。你还要告诉孩子，做出了承诺就要履行责任，比如我们必须去共学班。

遵循以下步骤，你可以引导孩子克服任何艰难的情绪：

- 识别情绪。
- 与儿子共情，懂得倾听。
- 认可儿子的情绪。
- 帮助他们认识自己的情绪。
- 探索策略，解决问题。

戈尔曼及其他研究儿童情商的人指出，如果父母用这些步骤引导孩子并以这种方式培养孩子，孩子的学习成绩会始终好于那些被父母忽视或批评的孩子。在生活中，这些孩子与同龄人和成年人的关系更为融洽，出现的行为问题也更少。他们还发现，情商高的成年人在事业和人际关系中更为成功。情商高的孩子和成年人产生的负面情绪较少而正面情绪较多，从总体上说，他们发展得更全面。

更重要的是，情商高的孩子和在家里接受过引导的孩子信心更足，韧性更强。他们仍然会感到悲伤、愤怒、沮丧或恐惧，但他们能更好地应对挫折并走出困境。

妈妈们，请谨记一点，用这种方法培养儿子应对情绪的能力虽然能让儿子变得越来越坚韧，但并不能完全消除冲突。不过，这种方法是对冲突的一种更为积极的回应。我们尊重并认可儿子的情绪，这与鼓励他们"学会忍耐"或强调"像个男人"完全相反。引导儿子学会应对情绪反应可以帮助孩子建立良好的情感联结，加深其团队意识，从而有助于提高整个家庭的凝聚力。

家人之间的争吵、兄弟姐妹之间的竞争以及家规都是家庭生活的一部分。本章及后续章节中提到的策略有助于加强你与儿子之间的情感联结。如果家人之间建立了更深的情感联结，且能够做到相互尊重，一切问题都会变得更加轻松，处理起来也会更容易。

同样，大家会更容易遵守家规。当你和孩子以这种方式建立了情感联结，就能更多地参与他们的生活，你的话语对他们来说也将具备前所未有的重要性。此时你们能真正理解并相信此生作为一家人携手共进的意义。如果看到孩子做出可能会有损于他们未来的选择，你需要用强硬的态度指出他们的不良行为。此时他们会更容易接受，因为根据你说的内容和你对他们的支持，他们会明白你是在为他们着想。这会激励他们改变自己的选择，或一开始就不会做出对自己未来不利的消极选择。

引导孩子

你那刚学会走路或还在学龄前的孩子在因不顺心的事情气得直跺脚时，你有没有笑话过他们？看到这个小人儿到处发泄情绪，既可爱又可笑，谁见了都会本能地笑出来。但想象一下，你的丈夫经历了糟糕的一天，下班回家后向你发泄情绪，如果你嘲笑他，结果会怎样？你的好朋友心情不好，向你寻求支持时，你嘲笑她，结果又会如何？无论哪种情况，你的嘲笑都会对你们之间的信任产生永久的伤害。然而，在孩子们经历巨大的情绪波动时，很多人都没有考虑到嘲笑会给孩子们带来什么样的伤害。

如果你的配偶从噩梦中惊醒，还冒出一身冷汗，你会听他倾诉并安慰他。但是，如果你的儿子（晚上经常做噩梦）又做了一个噩梦，你往往会忽视他的感受，对他说没什么可怕的，然后让他回去睡觉（因为你只想睡觉）。

请记住，帮助儿子提升情商的关键是与他们共情，认可他们的感受。哪怕在深更半夜，哪怕他们的样子又可爱又可笑，哪怕我们忍不住想放声大笑，我们也要做到这一点；无论我们正在和朋友或配偶交谈，还是马上就要迟到了，我们仍要做到这一点。如果你频繁地否定儿子的感受，就会向他们传递一种微妙的信息，即他们不应该相信自己的感受，而他们的信心会因此一落千丈。

我知道，当我的儿子走向世界的时候，我希望他们相信自己的感受和情绪，能为正义挺身而出，关爱身边的人，为所爱之人带来力量和快乐。我希望他们能经受住生活中的各种风暴。我不希望他们成为社会信仰的牺牲品，认为自己年龄小、缺乏理性，就处处不如成年人。妈妈们，我也不希望我们陷入那种信仰体系。我们的儿子可能经历不足，但他们的思想、感受、情绪和想法与我们的一样重要，也一样真实。

要做到认真对待他们的情绪，我们需要学会与他们共情，懂得倾听，拥有站在他们的角度看待问题的意愿（和能力）。此外，我们还需要一种特殊的无私情怀，因为孩子们总是希望我们能够立即解决他们的问题。据行为心理学家估计，学龄前儿童要求父母满足他们的需求或愿望的频率为平均每分钟3次。虽然我不确定这是否真实，但大多数情况

第二章 情商：传播善意和能量

下我感觉确实如此。不仅孩子在学龄前时如此，上了小学或中学后也是一样。少年和青少年同样有需求，只是方式不同。

我7岁的儿子无时无刻不需要我。他喜欢早起，而我不是；每天早晨他一起床就抱着我，给我说他一天的计划，而我只得强迫自己睁开眼睛，喝咖啡提神，然后听他诉说。他会给我讲他做了什么梦——有好有坏，还告诉我做完作业后他想做的各种事情。等他姐姐起床了，他们就一起去吃麦片。我则会大口喝完咖啡，打起精神，因为从这一刻起，我要随时准备去满足孩子们的各种需求，认可他们的感受，与他们共情。

由于我是在家办公，同时在家辅导四个孩子，因此常常工作到深夜。在通常情况下，我安排两个最小的孩子上床睡觉后，丈夫也睡了，十几岁的女儿在网上和朋友们玩游戏或做其他事情时，家里便安静了下来。然而，家人们都睡了，房间里安静下来后，我的大儿子却会跑出来，在我办公室或附近转来转去。由于我的办公室没有门，我在入口处安装了一扇门，将狗挡在门外。这时我儿子扑通一下坐到了门口旁的一个扶手椅上，然后开始和我说话。不停地说。没完没了地说。

与步入青春期的孩子谈心时需要不同的引导方法，不同于小孩子不想出门或"不困"时采用的安抚方式。在这一时期，作为母亲陪伴在他们身边，在他们想和你谈心的时候帮助他们理清思绪，对他们至关重要。每当我儿子坐下来发出一声叹息，我便准备好认可他的感受，和他一起讨论他的各种焦虑：成长的焦虑、获得学位的焦虑、开展事业的焦虑、搬出去独立生活的焦虑……还有成年后要经历的一切大事和可怕的事。陪伴总有收获。就在我撰写这一章时，我儿子突然来到我的办公室，对我说我很漂亮。他在无所求时主动对我说出这样一句赞美，对我而言真是惊喜，特别是在我汗流浃背地（一点儿都没有夸张，此时室温约 32 摄氏度，空调也坏了）伏在键盘上奋力打字时，这句话更让我感到暖心。做一个男孩的妈妈有时真的感觉很幸福。

如果我们希望儿子能成长为一个拥有良好的品格、坚韧不拔、自信成熟的男人，希望他们成为爱家且能持家的好父亲，能够真正与他的妻子和孩子共情，那么我们现在就需要帮助他们塑造和强化这些品格。男孩的妈妈们，从儿子还是婴儿的时候开始，我们就应该始终如一地尊重他们的感受。我们与儿子共情和交流的方式应该既能维护我们的自尊，也能维护儿子的自尊。在我们纠正他们的问题或给他们提出建议之前，我们一定要先理解他们，与他们建立情感联结，与他们共情。我经常提醒自己和丈夫，在对待孩子时，一定要先建立情感联结，然后再纠正问题。

有一点很重要：千万不要告诉儿子们他们在什么情况下应该有什么样的感受，这样会让孩子们怀疑自己的真实感受。让儿子明白他们可以控制自己的生活方式是很重要的。当妈妈告诉儿子他们没有必要如此不开心，或者事情并没有他们想象的那么可怕时，孩子的情绪并不会因此消失。所有的感受都是真实的。我也会告诉我的孩子以及在工作中接触到的孩子，虽然所有的感受都是真实的，但并不意味着所有的行为都是可以接受的。我会告诉他们，他们绝对可以控制自己对事情的反应，他们可能会产生各种情绪，但他们应该注意自己的反应。作为妈妈，我们可以对儿子的行为和反应设定界限，但我们不能左右他们的感受、情绪和欲望。

重点结论

1. 情绪的稳定意义重大，决定了你的儿子是否能在生活中获得成功和幸福。

2. 通过不断练习来引导你的儿子控制情绪反应，你会感觉越来越得心应手。

3. 情商高的男孩仍然会有悲伤、恐惧、沮丧或其他负面情绪，但相较于其他人，他们能更快地恢复平静。

4. 如果你与儿子建立了情感联结，你的话语对他们来说将具备前所未有的重要性。

5. 帮助儿子提升情商的关键是与他们共情并认可他们的感受。

6. 先建立情感联结，然后再纠正问题。

第三章

强大：成为内心强大的母亲

家人不仅重要，更是我们的一切。

——迈克尔·J. 福克斯

有一天，我们正在参加当地教育实地考察团的每周聚会，这时我的朋友艾琳对我说："等下只有我们两个人的时候，你记得提醒我给你看一个视频。"我的孩子们最喜欢艾琳一家，能和他们一起开展活动让我们感觉很幸运。艾琳家也有四个孩子，年龄和我家的四个孩子相仿，从大到小也是一个男孩、两个女孩和一个男孩。尽管来自共学班、游戏小组以及其他社交活动的朋友们总是来来去去，但只要艾琳一家也要参与我们参加的活动，我的孩子们总会欣然前往。

艾琳和我的孩子们在一起时总能做到事事同步。部分原因是我们两家的孩子天性迥异——有人天赋异禀，有人有阅读障碍，有人患有焦虑症，有人的感知存在问题，有人容易过度激动——这是我们两个家庭面临的种种挑战。孩子们对彼此十分了解。由于我的孩子和艾琳的孩子情

第三章 强大：成为内心强大的母亲

况相似，我们俩也面临同样的挑战。所以当她说要给我看一个视频，但没有分享给小组里的其他妈妈时，我就知道视频的内容可能与我有关。

那天我们正在一个公园里练习如何照看猫咪，目的是确保小猫不会走散，不跑出我们的视线，以及不会从游乐场的高空滑索上掉下去。这一天大家虽然累得筋疲力尽，但充满了欢笑和乐趣，我和艾琳一直没机会悄悄溜走。最后我们让所有孩子都上车坐好并吃上零食时，她才拿出手机给我看她最小的孩子格里芬的视频。

格里芬当时不到两岁，长得非常可爱有趣。我的孩子们经常开玩笑说，格里芬一定是一个秘密间谍团伙中的一员，这个团伙把特工们藏在最显而易见的地方，让他们装扮成长着大眼睛却一本正经的小孩。格里芬仿佛是一个拥有小小身体的老人。向他的眼睛深处望去，你能看到丰富的历史。他安静、专心、可爱，是妈妈贴心的小儿子。他把太阳、月亮和星星挂在艾琳身上，视线一刻都不曾离开她。他聪明又敏锐，这更加深了我的孩子们的怀疑：他实际上是超级秘密小间谍格里芬。

在视频中，只见格里芬睁大了眼睛，泪水从他浓密的睫毛边溢出。他看上去很悲伤。几分钟前他还开心地玩耍着，把头发弄得乱糟糟的，此时却情绪崩溃，全身颤抖。视频结束时，他张开双臂跑出了镜头，扑在母亲怀里嘤嘤哭泣。这是我见过的最悲伤也最甜蜜的一幕。是什么触动了这个小小孩的内心，导致他情绪爆发？原来是他的妈妈为他放了一首《你是我的阳光》，他被深深地打动了。

格里芬天性高度敏感，容易过度激动。这些性格特点让他很容易与身边的人共情，他也能解读他人身体语言中的暗示。高度敏感的孩子普遍优秀，但也活得很累。他们情绪起伏很大，往往最依恋父母中较了解他们的那一位。而在通常情况下，这个人是妈妈。格里芬的妈妈很了不起，能够很好地满足每个孩子的需求，照顾每个孩子的感受。她会与他们交流感受，站在他们的角度看待问题，然后为他们提出建议。

培养自己的情商

无论我们的儿子是否天生拥有高情商，为了能像艾琳一样培养儿子的敏感性及其他情商特质，我们首先需要培养自己的情商。所有的情绪都可以为我们所用，如悲伤、愤怒、恐惧、压力等，所以我们需要了解我们的感受以及我们对这些感受的反应，那么当儿子在成长过程中产生这些情绪时，我们就知道如何引导他们。愤怒能够促使我们与不公正的现象做斗争，进一步了解政府，和平地提出抗议；压力可以帮助我们积蓄能量并将其用于所有改善家庭的计划。

在我大儿子还小的时候，我们就说过要在后院里养几只鸡，但我们当时住的社区里买不到小鸡。直到 2020 年 3 月，由于疫情，整个国家突然被全面封锁，我的丈夫作为一级阅读专家，不得不投身于在线教学。他需要学习新的技术和方法，还要处理工作中的各项管理事宜，再加上转换为居家办公模式，而且家里的每个人都形成了自己的居家生活模式，他因此承受了巨大的压力。我一直在家工作，是一名教育指导、顾问、作家、演讲者、博客作者和播客作者，此外，从大儿子上一年级起，我就在家里教育我们的四个孩子。如今，我的大儿子已经 17 岁了。可以肯定地说，我们已经形成了各自的生活节奏，而我丈夫的生活规律尚未与我们的融合。

第三章 强大：成为内心强大的母亲

有一天，我丈夫出去买东西，回来时带着十几只小鸡，是他从杂货店停车场对面的牵引机供应公司买回来的，他说："现在大家都在家，我们生活的地方又能买到小鸡，所以不妨试着养一养。"

我的两个孩子和我的丈夫很像；压力激发了修补基因，他们开始一起精心照料小鸡，这也是一项很棒的亲子活动。他们修建了鸡舍，把逃跑的母鸡追回来，还训练我们的哈巴狗看着它们，不让它们跑出马路（真的！）。如果我们让孩子懂得所有的情绪都是有价值的，能够为我们所用，而且为他们树立榜样，我们就可以引导他们对情绪做出积极的反应。

每当我感到沮丧时，我知道我需要反省是什么让自己身心透支，然后将注意力集中在生活中积极的方面。我会努力放下那些难以承受的事情，专注于美好的事情。我也试着这样引导我的大儿子。特雷弗很容易焦虑，他的妹妹还患有广泛性焦虑障碍，多年来，我们发展出一整套策略（各种方法、技巧、活动、计划、分散注意力等）来帮助他和妹妹打破消极思维的循环。我不会对他说一切都会好起来，也不会告诉他担心的事情不会发生，而是利用他的脆弱和坦诚与他建立情感联结。我会让他倾诉，释放他承受的压力，然后引导他调节这些情绪。

如果他很难说出自己的感受，我会帮助他认识自己的情绪。多年来，这种方式拉近了我们俩之间的距离，我也很享受我们之间的交谈。我喜欢他在遇到让他举棋不定的事情时来找我帮忙。如果我们能够花时间了解孩子的内心和情绪，当他们感到伤心、愤怒或害怕时，我们会更容易耐心地引导他们。我们会更愿意陪着幼小的孩子哭泣或是聆听青春期孩子的烦恼。

我的朋友珍说，当她花时间倾听儿子的想法时，儿子感觉好多了，因为这意味着父母在解决问题的过程中会考虑到他的利益。这就是双赢。他们以平等的身份解决彼此的分歧，而不是像统治者和臣民的关系一样。她还说，儿子们争吵时，她会鼓励他们坦诚相待，但不要相互伤害。"重要的是，他们能够以积极的方式表达彼此的愤怒，同时认识到生气并不是坏事，生气并不意味着他们彼此仇恨。生气是我们与他人共同生活时会出现的正常情绪。我告诉他们，兄弟可以对彼此发脾气，但家人是他们的安全网，是需要支持时可以依靠的人，所以他们不应该把彼此推开。"

让你的孩子明白，你可以接受他们所有的情绪，但不是所有的行为，这是良性引导的关键。他们会知道，如果他们的行为对自己或他人造成伤害，你会出面制止；他们也知道你不会阻止他们去感受各种情绪，因为他们需要在这个过程中学习如何调节自己的情绪。不过，做到这些并非易事。看着孩子面对失望和逆境，父母的心里必然不好受。请记住，在儿子遇到挫折时引导他，能够帮助他们在未来应对更多的困难。

随着孩子不断长大，他们也会变得越来越坚韧。

如果现在引导儿子学习如何调节自己的情绪，十年后他们面对失望时就知道如何应对，也知道如何积极采取措施帮助自己，用社会可接受的方式应对这些挫折。

作为孩子最好的导师，母亲无须惧怕向儿子展示自己的情绪。妈妈们，你的孩子应该看到你在伤心时哭泣的样子。感到沮丧或愤怒时，你也可以大声喊叫，然后与孩子们谈论自己的感受。如果他们看到你发完脾气后重新振作起来，敢于谈论自己的情绪并请求原谅，他们也会如此行动。所以，期望他们（或者你）永远不会大喊大叫是不合理的。如果你在情绪反应和寻求原谅方面为他们树立了最佳榜样，这会是一份珍贵的礼物，对他们今后的人际关系大有裨益。

如果你是孩子的情绪导师，但你的言行伤了孩子的心（这在每个家庭中都很常见，不要以为只有你会这样），你应该勇于道歉。在压力之下，你很难做到理性思考。我们都是如此。对自己的过激行为感到后悔是一种成熟的表现，你应该主动向儿子道歉，告诉他们你当时的感受，以及你认为你本应该如何处理，下次怎么做会更好。这是在向儿子展示处理困难情绪的方法，未来他们会知道如何更好地调节自己的情绪。

用这种引导方式培养孩子的情商效果惊人，你会发现家庭冲突减少了，你们有更多时间享受彼此的陪伴，孩子们也不容易出现不良行为。原因如下：

第一，如果孩子从小在情绪方面得到父母的引导，他们很早就能学会自我安慰的技能。他们在面对压力时能够保持冷静，产生困难情绪时能够从容应对，也鲜少有理由出现不良行为。

第二，由于母亲能够在儿子的情绪恶化之前不断地引导他们，她的儿子就不必为了得到需要和想要的关注而放大自己的情绪。久而久之，儿子会懂得母亲对他们的理解、共情和关心。他们会很有安全感，而无须用行动去测试。

第三，如果儿子知道他们的感受不会被母亲否定，母子之间发生冲突的概率就会减少。请记住，在引导儿子应对情绪的挑战时，你需要关注他们的行为和反应，但不要因为他们生气、伤心或哭泣就训斥他们。

最后，这种育儿方式能够加强母子之间的情感纽带，让儿子们更愿意响应母亲的要求。儿子们会将母亲视为知己和盟友，去努力地取悦她，而不愿意让母亲失望。

解决自己的情绪问题

在飞机上，空乘人员播报的安全须知会告诉我们遇到危险时一定要先给自己戴好氧气面罩，然后再去帮助别人，这是有原因的。实际上，如果妈妈因为缺氧而晕倒，她就无法帮助自己的孩子。所以我们被告知在紧急情况下要先照顾好自己，确保自己戴好氧气面罩，然后再去帮助我们的孩子调整他们的面罩。只要把自己照顾好了，无论出现什么情况，我们都有能力照顾我们的孩子。

帮助儿子调节情绪和引导他们应对情绪时也是如此。如果你每天疲惫不堪、垂头丧气，不能真实地表达自己的情感需求，你就难以成为一个很棒的母亲。儿子出现情绪问题时，第一个求助的人往往是妈妈。

你是那个人吗？你是那个儿子遇到问题时会求助的人吗？成为孩子想要在第一时间求助的人可能会让你感到筋疲力尽，但也会让你惊喜不断。但是，如果我们已经被自己和他人的情绪折磨得疲惫不堪，没有时间去做想做的事，没法满足每个人的需要并因此感到沮丧时，我们就会怀疑自己的价值以及作为母亲的价值。此时我们无法让任何人受益。

不顾及自己的情绪会影响我们的身体健康，还会造成压力、焦虑甚至心理健康问题。接下来我将介绍一些策略，帮助你解决自己的情绪问题。

第三章　强大：成为内心强大的母亲

与他人分享感受

我们知道，如何引导儿子应对情绪会影响他们在社交、情感和学业方面的表现。但不要忘了，只有先控制好自己的情绪，我们才能成功地引导孩子调节他们的情绪。

请记住，行动胜于言语，所以你需要真正了解自己对情绪压力的反应。当你感到焦虑时，你应该告诉你的孩子，与他们分享你的感受和经历。

我四处演讲已有多年。我曾去大学演讲和辩论，在各个领域的研讨会、会议和大会上发过言，内容涉及教学、写作和育儿等方面。这些演讲活动是有报酬的，因此我的孩子们知道这是我工作的一个重要组成部分，也是我能够留在家里陪伴他们、教他们学习的一个主要原因。虽然我已久经沙场，但在每次演讲前仍然会感到紧张，特别是首次发表新的演讲内容或需要谈论一个新的话题时。而我会让我的孩子们知道这一点。

当我带着大儿子一起旅行时，我会对他说："我现在感觉胃不舒服，好像神经在身体里跳动。你有过这种感觉吗？比如你要做一些从来没做过又让你有点儿害怕的事情之前，你会感觉心中翻江倒海、如猫抓火烧吗？我现在就是这种感觉。我要给几百位家长讲如何帮助他们的孩子摆脱焦虑，可我自己的焦虑都快把我淹没了。我现在要去大厅做准备，如果你不介意的话，我希望你能抱抱我，在我讲话的时候为我祈祷。"

与儿子分享我们的感受、痛苦和压力，让他们以最有意义的方式帮助我们，对他们来说这其实是一份美好的礼物。你是在告诉他们，你也会时不时产生同样的情绪，这样做能帮助他们用语言表达自己的感受，向他们展示应对策略，而让他们帮助你应对挑战可以让他们学会调节情绪的方法。以后他们感到压力很大或不知所措时，很有可能会用你的方法去应对。

主动寻求帮助

我们调节自己的情绪时需要听从身心的需求。遇到让我们感到不舒服的事情，我们要勇于说"不"，这对我们的心理健康至关重要。但我们常常忽略了这一点。例如，我不喜欢在电话里和别人交流，那会让我感到焦虑。这一点我确实做得不好，但如果让我用书写的方式（短信和电子邮件）表达，我的表现会比打电话好得多。打电话时，我通常只会东拉西扯和兜圈子，生怕出现冷场。不过，必要的时候我也能打电话交流。前几天我与一位潜在客户打了一个半小时的电话，我们讨论了营销工作，我认为这能为他的公司和那些经常光顾我的网站和播客的父母带来益处。虽然我拖了好几天才拨通电话。我只是想多花点儿时间仔细思考我的语言，好在写作提升了我的语言组织能力。

由于我会感到焦虑，我们生活中大大小小需要打电话沟通的事情大部分由我的丈夫完成。当我遇到欺诈性收费时，他会打电话给信用卡公司（我则坐在他旁边确认事实：没错，是我同意他代表我处理此事）。我会尽可能避开那些让我感到焦虑的场面，这样我才能储存能量，在无法避免时以平静的情绪和优雅的态度面对。儿子们见证了丈夫为我做的这些事情。更重要的是，他们看到了我在需要时请丈夫帮助我的举动。

当你知道自己会情绪失控时，主动寻求帮助是一种成熟和自信的表现。我希望我的儿子们足够自信和成熟，在遇到让他们感到紧张的事情时，能够主动寻求帮助。虽然我们的儿子不可能总是避开让他们感到紧张的场面或活动，我们也不可能让他们这么做，但通过这种方式满足自己的需求，可以向他们展示如何照顾自己和他人的情绪需求。这样你才能为自己力所能及的事情储存能量，同时了解自己的承受极限。

为生活注入快乐

除了在生活中避免一些引发负面情绪的事情，做一些能带给你快乐的事情同样重要。培养和提高韧性的最佳方法是为生活注入快乐。偶尔放松一天，读一本好书吧。每天清晨端起一杯咖啡，走到院子里或阳台上，静静坐在那里沐浴阳光，聆听鸟儿的歌声，把这件事变成一个新习惯。你也可以每周与孩子一起看个节目，或者与孩子们在流媒体平台上追一部新剧。在这个历史性的"全民居家"时期，我和女儿每周都会收看《美国偶像》，而我和大儿子每晚都会看一集《神探夏洛克》《神秘博士》或《梅林传奇》来放松心情。

花点时间做一些能给你带来快乐的事情可以帮助你储存能量，让你在遇到不顺心的事情时能够有效地调整自己的情绪。我们家里每个人都有自己的小怪癖，身边的人也是形形色色。在这样的情况下，如果你无法每天给自己的生活注入一些快乐，就可能会不断出现情绪问题。这会成为沉重的负担，让你没有能力成为儿子的情绪导师，指引他们应对情绪问题。

重点结论

1. 为了培养儿子的敏感性及其他情商特质，你首先需要培养自己的情商。

2. 如果你教导孩子所有的情绪都是有价值的，能够为我们所用，就可以引导他们对情绪做出积极的反应。

3. 在培养儿子的韧性的同时，教育儿子所有的感受都是可以接受的，但需要控制和监控他们的行为，这一点至关重要。

4. 用引导的方式帮助儿子应对各种情绪，能够减少你与儿子之间发生的冲突，从而强化家人之间的纽带。

5. 注意调节自己的情绪，必要时先给自己戴上"氧气面罩"。

6. 控制和调节你的情绪，必要时先远离给你带来情绪波动的环境，为生活注入快乐，让你的孩子看到你的成熟和力量。

2

学会放手

是时候在生活中增加一点冒险的时间、
一点探索大自然的时间以及大把玩耍的时间了。

——

佩妮·怀特豪斯

一想到小男孩，首先在我脑海中浮现的形象就是他们穿着背带牛仔裤的样子，膝盖处还磨出了几个洞；或是他们满脸泥点子，口袋里装着几只小青蛙；还有他们捉鱼、骑自行车和制造火箭的经典画面。有儿子的妈妈们都知道，每次带儿子出去散步，小家伙们总会捡起一根棍子当宝剑，在我们面前挥舞，说是要保护我们，让我们远离他们想象中的危险。我们的小英雄总是这样守护我们。要是他们抓住的什么东西突然动了一下，我们也会立刻默默祈祷那东西没毒。

小男孩们会到处挖洞；他们会把沙发垫扔到地板上堆起来，一会儿跳上去，一会儿又跳下来；他们会追着院子里的小狗到处跑，最后几个人摔成一团，大口喘气。大一点儿的男孩们则会用健怡可乐和曼妥思薄荷糖做爆炸试验、发射自制火箭，或是用V形树枝做弹弓。再大一点儿的男孩们会和朋友们摔跤，用弹丸枪射击水瓶，为最喜欢的电子游戏安装服务器，而且一有空就和朋友们尽情玩乐。

当然有些女孩们也喜欢做这些事，但相较之下，女孩子们通常更活泼，而男孩们更镇定、更容易满足。然而，就社会整体而言，我们似乎陷入了一个怪圈，总是忘了女孩和男孩都能（确实如此）为这个世界创造不同的价值。我们应该让我们的男孩站出来，允许男孩表现出男孩的样子（具体根据每个男孩的情况而定），引导我们宝贵的男孩成长为善良、自信、坚强的男人。

妈妈们，我们能做到这件事。但是，我们需要挣脱社会观念的束缚，学会放手。不要再盲目地听从其他妈妈的话，而应遵从自己的内心。作为妈妈，我们在儿子的心中是完美的；作为儿子，他们在我们的心中也是完美的。下一次当你本能地想给孩子施加压力或者惩治孩子，而不是与他们建立情感联结时，请想一想这句话。

想一想，有多少次你看到朋友的儿子在篮球场上独领风骚时，你立即向自己的儿子施压，要求他多加训练，更努力一些，表现得更好一些？或是当你看到表哥儿子的数学成绩比高年级的孩子还要好，而自己的儿子却学得很吃力时，你马上急着给孩子找家教补课？

作为妈妈，我们总是担心和怀疑自己能否给儿子创造最好的生活，这是人之常情。然而，如果因担忧产生的压力不断增长，结果往往会适得其反。

避免这一问题的最佳方法是学会放手，不要试图控制所有结果。请支持你的儿子。问一问他们对刚刚玩过的游戏或者刚刚结束的考试有什么感受，为什么会有这样的感受。花点时间了解儿子们做了什么，看看哪些是他们真正感兴趣的，哪些是可以省去的。学会当儿子的学生，利用他们的兴趣爱好挖掘他们的天赋才能，帮助他们成长。他们的天赋才能与生俱来，而你的任务是帮助他们在成长过程中发挥这些天赋才能。

学会放手，放下那些对儿子童年的期望吧，远离那些望子成龙的人们给你带来的压力，你会收获意想不到的结果。你会与儿子建立良好的关系，让他们更坚定地相信自己的梦想和愿望。

你也会因此变得更快乐。

第四章

游戏：勇敢挑战和解决问题

游戏能够培养自由洒脱、敢于尝试、自力更生的品格，
而这正是我们的未来所需要的。
——
小詹姆斯·L.海姆斯

透过厨房的窗户，我看见儿子特雷弗在院子对面的树上越爬越高。他的朋友在树下抬头看着他，对他高喊着，说他爬得太高了。我心生一丝不安，担心他会摔下来；但我也知道，他需要勇敢地挑战自己的极限。所以我一边看着他，一边心不在焉地搅动着洗碗池里的碗碟，根本没心思洗碗。

特雷弗终于成功了，他脸上的笑容让整个院子熠熠生辉，他的朋友卡洛斯在下面欢呼，对他爬到如此高的位置佩服不已。我转身拿起刚做好的点心，打算犒劳一下这些小冒险家们。

然而，就在我穿过院子时，突然听到卡洛斯对特雷弗喊道："小心！动那只脚！就是这样！对！马上就下来了。"

第四章　游戏：勇敢挑战和解决问题

看着 5 岁的儿子在朋友的指导下从大树上爬下来，我的心跳不断加速。虽然十分担心，我犹豫了一下，没有立即采取行动。特雷弗终于安全落地，激动地和朋友击掌，看见我时对我说："妈妈，我刚才被卡住了。我爬得太高了，下不来，是卡洛斯帮我下来的。"勇敢的儿子抬头看着我，眼里闪着光芒。

那一刻我永生难忘。

"你们真棒，"我对他说，"出现问题时你们知道怎么解决问题，做得真棒，你们这两个小冒险家一定饿坏了吧。"

他和伙伴抓起点心大口吃了起来，喋喋不休地说着他们如何"被困在了荒岛上"，听到了假想的飞机的声音后，特雷弗如何爬上最高的"棕榈树"并拦下了飞机，最后拯救了他们。这就是卡洛斯欢呼雀跃的原因——他们成功得救，在游戏中取得胜利。然而，在"救援飞机开始下降"，他们庆幸很快就能回去和家人团聚时，特雷弗发现自己被卡在树上了。幸运的是，他们没有惊慌失措，他在朋友的引导下开始慢慢往下爬。朋友一边指挥他把脚和手放在哪里，一边站在树下做好准备，打算在他掉下去时接住他。

他们齐心协力解决了问题。于是我默默离开，让他们吃点心，然后继续他们的冒险。

游戏的力量

爬到树顶这样的活动不是没有危险，但那是特雷弗的选择。大人不应该帮他们选择玩什么游戏，也不应该禁止他们爬树，只要求他们老老实实地待在地上。让孩子们掌握自主选择权是游戏的一个重要特点。此外，游戏能够塑造孩子的性格，决定他们长大后会成为什么样的人。

《玩耍精神：会玩的孩子真的有出息》（*Free to Learn*）的作者彼得·格雷如此定义玩耍行为：玩耍是一种自主选择和自我主导、具有内在推动力、有自定规则、有创造空间、积极向上且不存在压力的行为。玩耍不是一种手段，而是参与者追求的目的。玩耍跨越了年龄和时代的限制。他指出，通过玩耍，孩子们能够了解自己的热情，进一步发展相关技能，学会如何在存有分歧的情况下与他人相处，以及如何解决问题、摆脱困境和控制情绪。这些重要的课程不会在学校教授，也无法在成人的指导下完成，孩子们只能在自由自在、自我主导的玩耍过程中学习。

儿童节目主持人弗雷德·罗杰斯曾经说过："人们通常把游戏当作学习后的一种放松。但对孩子来说，游戏本身就是一种严肃的学习。游戏才是孩子们在童年时期应该做的事情。"格雷也赞同这一观点。在播客"培养终身学习者"的一次采访中，格雷告诉我，不同文化和时代的孩子们玩的玩具可以帮助他们理解成年人的世界，也就是他们长大后生活的世界。在他研究的狩猎采集文化中，孩子们玩的玩具有弓箭、镰刀和火。而我们的孩子玩的玩具包括计算机、平板电脑、书籍、美术用品、烹饪食材和工具等诸多产品。

游戏能够帮助孩子增强活力、树立信心和调控情绪。然而，近年来，格雷博士定义的玩耍行为快要被社会淘汰了。美国各地的学校都把假期的时间缩减到最低限度。游戏时间被严格限定。孩子们小小年纪就排满了日程，有参加不完的活动。他们白天的时间被各种课程占据，晚

第四章 游戏：勇敢挑战和解决问题

上的时间又被音乐、体育、戏剧和其他类型的活动挤满。由于父母的同伴们带来的压力，妈妈们又会额外给孩子们安排练习课、辅导课、各种新课程以及表演机会。孩子们成群结队地骑自行车和在死胡同里踢足球的日子已一去不复返。

难怪美国国家精神卫生研究所的调查指出，在18岁之前被诊断为焦虑症的孩子高达39.1%。父母把孩子的时间安排得满满当当，他们几乎没有时间自由游戏，而自由游戏对孩子的健康至关重要。有了自由游戏的时间和闲暇，孩子们才有机会发展自己的兴趣爱好，从而提升能力、缓解压力。

在游戏中，男孩们才有机会展示和培养自己的创造能力、解决问题的能力和控制情绪的能力。在游戏中，我们的儿子才有机会与人分享、学会协商、帮助他人、反对不公并捍卫自己的权利。不同年龄的儿童在一起游戏是最理想的情况，此时培养上述能力的效果最为明显。在某次共学班的午饭休息时间，我无意中听到7岁的儿子在操场上对另一个孩子说，他们总是玩大孩子们玩的游戏，太没意思了，该给小孩子们一些机会玩他们的游戏了（他的原话）。而那些大孩子们（12岁左右）告诉他，他说的没错，的确是大孩子们一直在选择玩什么，于是他们问艾萨克想玩什么。

儿子们的事，我们不必事必躬亲。如果我们懂得放手，把儿子的事交由他们自己处理，他们就能鼓起勇气去维护自己的权利。

撰写本书时，我们正经历一段前所未有的困难时期，但这也有一个很大的好处，即全国的家庭都被迫放慢脚步，可以享受家庭时光，度过一个没有各种户外活动的夏天。我并不是要淡化这次疫情给许多家庭带来的重重困难，很多人都有照管孩子、收入减少或疾病缠身等问题，但从孩子如何度过童年的角度来看，我对我看到的变化感到很欣慰。

我在社交媒体的朋友圈中看到，有些家庭在这段时间陆续建立起有趣的家庭传统。比如有一家人每周会抽出一个晚上让三个儿子做饭。孩子们每周轮流负责开胃菜、主菜和甜点，因此必须提前计划好所有的事情，列出食材清单，让大人去杂货店时帮他们采购。他们并没有做什么豪华大餐，但尝试了一些非常有趣的食物。以前这一家人非常忙碌，孩子们从来没有机会做饭。他们每天一大早就要参加曲棍球训练，然后去上学，同时爸爸妈妈也要上班，晚上回家简单吃一点儿晚饭后，孩子们又要做家庭作业，然后继续其他活动，才能结束漫长的一天，最后筋疲力尽地上床睡觉。第二天这一切会再重来一次。

相比之下，我的孩子们度过了一个充满怀旧气息的夏天。其中一个孩子一边在厨房里做实验，一边和全国各地的朋友们在网上聊天。孩子们也会凑在一起玩棋盘游戏，晚上去游泳；17岁的儿子还会教7岁的儿子下棋。疫情开始好转后，我们每周会和另一个家庭聚会，他们这几个月以来也在原地避难。我们两家人一共有八个孩子，过去经常一起去上课、参观动物园或参加实地考察活动，而由于疫情，此时孩子们只能在后院跑步、游戏、骑自行车或是在雨中跳蹦床，然后在积满水的沟渠里玩"滑肚皮"的游戏。他们还会一口一口地舔冰棍，融化的奶油把手指和下巴都染成了紫色。他们会一起发明游戏，解决冲突，共同生活。我认识的许多家庭都喜欢这种节奏缓慢、简单而无须事先组织的活动时间。

在游戏的过程中孩子们自然就能学到知识，因为他们天生喜欢探索，能够适应环境。这是 1999 年的一项研究得出的结论。教育技术研究者苏伽特·米特拉（Sugata Mitra）及其同事做过一个名为"墙中洞"的实验，即在印度德里贫民窟的墙上挖一个洞，然后在里面放一台电脑，通过秘密摄像头观察孩子们玩电脑的过程。他们发现这些孩子可以自己学会使用电脑中的预装程序、上网、玩游戏和阅读。研究员在印度其他地区及柬埔寨也做过这项研究并得出了类似的结论。

米特拉的研究有一项最惊人的发现，即孩子们虽然年龄不同，却懂得通过协作学习新知识。由于每个孩子都学到了一些与电脑相关的知识，或者通过电脑对周边的世界有了更多了解，所以他们会相互分享，共同协作，从而快速丰富自己的知识库。

在《玩耍精神：会玩的孩子真的有出息》一书中，彼得·格雷强调了人性的三个核心方面：好奇心、游戏性和社交性。他还探讨了如何将这三个方面结合起来，为教育的目的服务。在前述实验中我们可以这样总结，好奇心吸引了那些孩子们前来研究电脑，游戏性促使他们练习和探索各种电脑技能，而社交性激励他们将学到的知识传播给村庄里的其他孩子。

我们同样可以利用这些本性把儿子培养成坚强、自信、勇敢、坚忍、坚韧且乐于助人的人。

敢于退居幕后

随着儿子们不断发育、学习和成长，他们在生活中的各项能力也在不断提高。想想看，小婴儿从爬行开始，逐渐学会了走路，然后是奔跑；到了十几岁时，他们已能在我们的指引下学习如何融入成人世界。他们一直在成长的里程碑之间努力获得平衡，而我们做出何种反应是他们获得动力、成功和信心的关键。

我们都想庆祝孩子成长过程中的每一个里程碑，但有时我们会因为做得太多让儿子难以承受。我们都想保护儿子，不让他们受到伤害，这是再自然不过的事情。事实上，前几天我刚和一个朋友谈论过这个话题。我们讨论了自己多么为处于青少年时期的儿子担忧。她说有一次，她的儿子在和姐妹们以及几个邻居家的小朋友一起游戏时，第一次体验到了谣言的传播速度有多快。

一个邻居家的女孩告诉另一个女孩，说他吻了她（但事实并非如此）。然后那个女孩又把这件事告诉了别的男孩，最后他的妹妹也知道了这件事，将此事告诉了他们的妈妈。当我的朋友问她儿子是不是亲吻了那个女孩时，他既震惊又难过，没想到有人会这样说他。了解了事情的原委后，作为母亲，我的朋友本能地想打电话质问那个女孩的母亲，但她最终选择鼓励儿子，让他主动去找那个女孩，请她不要诬陷他，问题便暂时得到了解决。

许多父母都习惯于守候、赞美、保护和过度保护儿子，虽然这样的父母也培养出了有上进心的孩子，但上进心也需要平衡。保护意识过强的父母往往会削弱孩子的信心，无意中强化了一种观念，即孩子们无法控制自己的生活，他们只能被动等待，而不会主动行动。

为了帮助儿子树立信心，增强他们的韧性，我们要敢于退居幕后，允许他们自己解决问题，待他们遇到无法解决的情形时，再向我们寻求建议和帮助。我们也需要帮助他们开拓新的能力和技能。最后，我们要

第四章 游戏：勇敢挑战和解决问题

让他们明白，我们会帮助他们明智且安全地思考各种问题，当他们需要我们的支持时，可以随时来找我们。

与朋友的儿子一样，我的大儿子最近也和一个女孩发生了一件不愉快的事，这是他第一次遇到这种情况，于是我们一起制订了解决方案。他在一场戏剧表演中遇到了另一个演员，她是一个可爱的女孩，他们经常一起在后台聊天，久而久之，那个女孩对他产生了好感。但他对她没有这样的感觉，且想当然地认为她也知道。然而，在一个周日晚上，她给他发短信，问他是否想和她"出去玩"，他感到不知所措。他不知道该对她说什么，因为他以为自己已经明确向她表示过，他没有要和她约会的意思，而只是把她当作朋友。儿子烦恼了几个小时，也咨询了12岁的妹妹应该如何回复女孩的短信，但还是找我寻求帮助，说他不知道如何在不伤害她的感情的情况下委婉地拒绝她。他心里清楚，她一定鼓足了勇气约他出去，如果他告诉她自己只想和她做朋友，她一定会很伤心。他知道这可能会伤害她。我告诉他，他应该回复她，并且实话实说；我还告诉他，我很乐意帮他把关，确保他的语言足够婉转，不会伤害她。最终，他和那个女孩成了最佳搭档，也学会了如何婉转地拒绝他人。

退居幕后并非易事。我们当然想帮助儿子解决一切问题，指引他们走向成功。但是，如果我们让他们自己解决问题，就是向他们发出了一个强有力的信号，即我们相信他们有能力解决问题。当我们的小男孩在院子里费力地拖起粗大的树枝，想要搭建秘密基地时，我们可以站在阳台上看着他们，为他们欢呼，这是在向他们传递一种信息：他们能行。如果他们的堡垒不幸倒塌，他们试图重新搭建，我们不应立即冲上去帮助他们，这是我们向他们传递的一个新信息：对他们毫不气馁的精神，我们表示尊重。

每次我们插手帮助儿子们解决问题，我们都是在剥夺他们培养自身能力的机会。我们总是用自己的行动告诉他们，他们离不开我们。虽然有一小部分母亲的确希望孩子能永远依赖自己，但我们应该记住，母亲的任务是把儿子培养成一个坚强、有能力的男人。

退居幕后不是让儿子们听天由命。不是这样。相反，当他们需要我们的帮助时，或者在绝对必要时，我们应给予适当的指导，培养他们解决问题的能力。通过这种方式，我们能逐步增强儿子的韧性和独立性，帮助他们看到自己的能力。

包括我在内的许多父母总在烦恼什么时候应该介入，什么时候退居幕后。托马斯·戈登博士在其著作《父母效能训练》（*Parent Effective Training*）中建议，父母在遇到问题时应该判断这是谁的问题。如果孩子在自己的生活中遇到问题，与父母无关，比如与朋友产生矛盾或在学校发生冲突，父母最有效的处理方式是给儿子充当顾问，而不是出面为儿子解决问题。父母可以退居幕后，让孩子自己解决问题，也可以通过角色扮演、引导式提问或与儿子对话等方式帮助儿子。

然而，如果儿子的问题或行为干扰了父母或兄弟姐妹的生活，那么父母有权用更直接一些的方式解决问题。例如，我的两个孩子和我都是夜猫子。本书的大部分内容是我在晚上10点到凌晨2点之间写出来的，这有很多原因，比如我的孩子们在家学习时整天都待在我身边，把我吵得心烦意乱；此外，我还要给孩子们上课，做饭，陪孩子玩游戏。因此我只能熬夜工作，但我一直待在一楼的办公室里，保持安静，不打扰家人。

第四章 游戏：勇敢挑战和解决问题

最近，我和丈夫不得不找两个喜欢熬夜的孩子谈话，告诉他们要么晚上早点睡觉并保持安静，要么接受相应的后果，就是不能再享受上网或打电话的特权。晚饭后，他们俩回到了自己的房间，但一等弟弟妹妹上床睡觉，他们又跑了出来。而且他们很吵——非常吵。我的丈夫习惯早睡，可他们吵得他根本无法入睡。他们不仅经常把弟弟妹妹们吵醒（他们本来好不容易才睡着），也让我无法静心工作。由于他们的行为给家里其他人带来了困扰，父母就应该在此时介入，帮助他们解决问题。

但是，如果我们陷入不断为孩子解决问题的循环，挑战也会随之而来。你一定懂我的意思，对吧？当我们以为自己很清楚儿子需要做什么才能解决问题或达到目的时，我们便开始讲他们的行为存在什么问题，然后（无休止地）描述因他们的行为可能产生的所有负面后果。

妈妈们，我们需要自问，我们为什么会如此在意最终的结果。是因为：

- 我们担心他们不会成功？
- 我们认为他们在偷懒？
- 我们对他们的选择或行为感到难堪，担心会对我们造成不良影响？
- 我们是完美主义者，把孩子的事情当成我们自己的事情？
- 我们不想让儿子体验犯错的痛苦？
- 为了改善儿子的行为，我们错把批评当成一种引导和评价？

如果我们只看重自己的解决方案而无视儿子的意见，我们其实是在向他们传递一个明确的信息：我们认为他们没有能力照顾好自己的生活。但是，如果我们希望儿子成长为坚韧、内心强大的人，我们就应该鼓励他们的自主性和实验精神。

让孩子主导

有些孩子似乎一开始就具有自我主导的能力。在婴儿时期，他们总是睁着大眼睛，好奇地观察周围的环境，直到晚上什么都看不见时，他们才会哇哇大哭。到了蹒跚学步的时候，他们会趁你做饭时把够得着的柜子里的所有东西扯出来，或是把锅碗瓢盆敲得叮当响。步入儿童时期后，他们会用语言和货币创造一个假想的世界，把周围的孩子都吸引到他们的游戏中。到了青少年时期，他们会追随非传统的教育方式，一边上高中，一边创业，而且认为大学根本不适合他们。

让孩子主导自己的生活可能会让你感到胆战心惊。承认他是一个独立自主的人更是如此。

父母通常认为孩子们对体育运动或户外活动充满了热情和动力，当然如果你的儿子在某个领域追求卓越的愿望源自他的内心，那么你应该支持和培养他。然而，如果你的儿子做某些事的动机是取悦父母，而不是因为这件事给他带来了快乐，那么这件事最终会变成他在生活中的压力来源。你可以主动给儿子创造接触不同选择的机会并给予支持，但他们最终是否愿意坚持下去应取决于他们自己。有时，即便我们帮助他们找到了让他们心动的发展方向，我们依然需要观察他们，了解他们的进展，不断地重新评估，就像加文的父母最近所做的那样。

第四章 游戏：勇敢挑战和解决问题

15 岁的加文多年来一直在学习弹吉他。他上过私教课，参加了两个青少年摇滚乐队。每逢春季和夏季，他都会和乐队去俄亥俄州东北部各地表演。然而，他的妈妈最近觉得自己总是需要催他多加练习，督促他完成私教老师安排的任务。他们之间的关系因此日趋紧张，两个人都不开心。妈妈的唠叨让儿子感到心烦意乱；但妈妈认为，自己为了他的理想花了很多钱，他却没有认真对待，这让她感到很生气。

2020 年由于疫情，全国许多学校和青少年项目都被迫关闭，加文的音乐学校也不例外。他的吉他课改成在线上授课。虽然和以前一样，加文仍然没有认真上课并完成作业，但他的妈妈发现，他弹吉他的频率增加了，而且还尝试提高歌曲的难度。由于在家的空闲时间变多了，他会时不时地拿起吉他，在视频社交平台上搜索教程或在线乐谱，寻找他想学习的歌曲。以前他弹什么歌曲都是由私教老师安排，一直没有机会弹自己想尝试的曲子，现在他可以在网上自学那些喜欢的歌曲。因为他可以纯粹为了乐趣而弹奏，他再次爱上了弹吉他。

在过去，练习弹吉他对加文来说是一种压力，是一件让他感到厌烦的事。而现在，弹吉他变成一种乐趣，于是他练习的次数更频繁了。最终他和父母决定暂停私教课程，这样他就有更多的时间弹吉他。加文对音乐的兴趣越来越浓厚，也不再为练习的事和妈妈争吵。

如果你的儿子从小拥有足够多的机会去游戏和探索新事物，他们就有时间发掘自己的兴趣爱好和技能。一旦他们发现自己的长处，就能获得内在满足感，他们可能在 5 岁时发现自己擅长玩磁性积木，也可能在 10 岁时爱上编写视频游戏，或是在 15 岁时迷上弹吉他。只要是自己热爱的事情，他们都会愉快接受并好好珍惜。

至少对我而言，如果我能够良好地平衡工作和休息之间的关系，我在工作、育儿和教学中就会有更好的表现，你们不是这样吗？在生活中，我们可以多利用休息的时间。前几天，朋友来家里参加每周给孩子们安排的聚会时，我关掉了电脑，和其他孩子的妈妈们坐在阳台上喝咖啡。由于那天大家玩得太开心，很快就到了晚饭时间，中午准备的午饭和零食也全被吃光了。于是我从冰箱里找出汉堡给孩子们吃，几个大人也把咖啡换成了葡萄酒。那一整天我都没有工作，但我见了朋友，陪了孩子，心情也得以放松。

如果儿子们已完成应该完成的作业和家务，剩下的时间可以让他们自己安排，他们能在这个过程中学会平衡学习和游戏之间的关系。如果他们懂得劳逸结合，长大后就会变得更快乐、更坚强、更满足且更成功。

游戏的神奇之处是它能带来诸多学习的机会，让我们有机会成为孩子的学生，见证他们的进步。我们可以观察儿子们喜欢做什么，将其培养为真正的爱好，这能增强孩子们的自信和韧性，帮助他们提高情商。

重点结论

1. 有些重要的课程不会在学校教授，也无法在成人的指导下完成；孩子们只能在自由自在、自我主导的游戏过程中学习。游戏能够帮助孩子增强活力、树立信心和调控情绪。

2. 有了自由游戏的时间和闲暇，孩子们才有机会发展自己的兴趣爱好，从而提升能力、缓解压力。

3. 在游戏的过程中孩子们自然就能学到知识，因为他们天生喜欢探索，能够适应环境。

4. 保护意识过强的父母往往会削弱孩子的信心，无意中强化了一种观念，即孩子们无法控制自己的生活，他们只能被动等待，而不会主动行动。

5. 如果我们希望儿子成长为坚韧和内心强大的人，我们就应该鼓励他们的自主性和实验精神。

6. 让孩子主导自己的生活可能会让你感到胆战心惊。

7. 如果你的儿子懂得劳逸结合，长大后就会变得更快乐、更坚强、更满足且更成功。

第五章

重塑期望：真正男子汉

认真对待孩子，就是从现在开始尊重他们本来的样子，而不是他们未来会成为的样子。
——艾尔菲·科恩

  肖娜的小儿子患有危及生命的免疫性疾病，但每次抽血化验（至少两个月一次，实际上他非常害怕抽血）时他都表现出难得的勇气。一天早上，他到了医院之后迟迟不肯下车，被妈妈拉着一起乘电梯去医生的办公室时，他害怕得快哭了。对这个小男孩来说，这样可怕的早晨已是家常便饭，而这种"预约、退缩、挣扎、疼痛"的过程他已经经历许多次。但这天早上，11岁左右的他在候诊时看到了另一个也很害怕的孩子。

  他和妈妈刚走进医生的办公室，就听到一个小女孩恐慌的声音。这样痛苦的声音很难让人忽视。小男孩没有犹豫，什么都没想就走到小女孩身边，然后坐下来，向她保证一切都会好起来。看到儿子抛开自己的恐惧去帮助别人，肖娜惊呆了。

第五章　重塑期望：真正男子汉

"关爱""安慰""温柔""体贴""养育"——在大多数人眼里，这些词汇都是用来形容女性的。同样，"坚强""坚忍""强大""有领导力""粗犷"会让人联想到男子气概。许多男孩子，尤其是青少年，都羞于与他人分享自己的感受，也不愿与他人共情，因为他们认为这些做法太"女孩子气"。如果我们希望提升儿子的情商，我们应该在他们需要时帮助他们，重塑我们的期望，让他们抛弃那套从书本、电影和社会中了解的关于如何成长为一个男人的观点。

看到儿子在这种情绪化的场合能够运用从妈妈那里学到的知识做出善良的举动，肖娜备感惊讶。我们应该教育我们的孩子：关爱他人是他们能做到的最光荣、最勇敢、最有男子气概的事情，这也是他们打破男性刻板规范的第一步。

做一个坚强的男人不意味着他就要打架、发脾气或压抑自己的情绪。做一个男人意味着他应该坚强、勇敢，能与他人共情，能够理解和感受自己的情绪，同时也能理解他人的情绪。我们希望儿子活得真诚，做真实的自己，这意味着我们需要全面接纳他们所有的情绪。

我们需要帮助儿子挑战那些关于"男子汉"的世俗神话，在他们的身边支持他们，让他们知道重要的是学会深切感受、努力工作、为正义挺身而出、解决问题和保持坚韧。更重要的是，男孩的妈妈们需要关注儿子们喜欢什么、热爱什么、选择什么以及正在应对什么困难。我在前文中说过，我们应该学着做孩子们的学生，哪怕这是你从本书中得到的唯一收获，我撰写此书的目的也就达到了。只有当我们与孩子完全合拍时，我们才能成为最好的父母。

跟随孩子的步调

去年我录制了一期采访安德鲁·彼得森的播客，他是一名歌手和词曲作者，还出版了《羽翼传奇》一书。我们聊着聊着就谈到了"做孩子的学生"这一话题。因此，这至今仍然是我最喜欢的一次采访。

安德鲁谈到，有一次他的乐队在为巡演做准备，他们需要一名新鼓手。晚上回家后，他经常和家人说起这件事。一天晚上，他的妻子提醒他抬头看看他们的儿子亚瑟。安德鲁说，他的妻子就是孩子们最好的学生，她经常提醒他关注孩子。

在妻子的提醒下，他开始关注儿子，发现儿子一直在不懈地练习打鼓。他把安德鲁和乐队在舞台上表演的每一首歌曲都练到完美无瑕，希望父亲看到他已经准备好和乐队一起巡演。安德鲁和妻子谈完之后，把儿子拉到一边聊天，他说儿子一想到能和父亲及其乐队一起巡演，成为舞台上的一员，眼中就泛出了光芒。

他们出发前，妈妈叮嘱儿子，在为自己的音乐家梦想努力的同时，也要保证学业不能落后。所以亚瑟非常勤奋。他的演奏很成功，与巡演中的成年乐队成员一样出色。当他们在城市与城市之间奔波时，他就趴在车上的一张小桌子上写作业。正是因为妻子对儿子的关注，安德鲁才会与儿子经历这趟美妙的旅行。

只要学会放手，允许儿子自由地游戏和探索，同时观察和了解儿子，我们就能够为儿子赋能，让他们找到并发现自己的激情、特质和技能，这些将陪伴他们度过一生。肖娜的儿子之所以善于观察，懂得关爱他人，是因为他的妈妈总是这样对待他；而安德鲁的儿子能够与父亲一起体验职业音乐家的生活，是因为他的母亲能够跟随他的步调。

第五章 重塑期望：真正男子汉

世界上没有两个完全相同的男孩，即使是以完全相同的方式抚养长大的亲兄弟也各有特点。就我自己的孩子来说，我时常为他们拥有如此不同的天赋、才华、技能、信念、态度、需求、愿望、激情和兴趣而感到惊异。他们存在的这些差异，让身为男孩母亲的我感到既兴奋又沮丧。虽然我心里知道每个儿子都是独一无二的，拥有不同的天赋，但我还是更容易尊重和赞赏儿子身上与我相似的方面，毕竟这些是我能完全理解的。

然而，你是否有过这样的想法："真搞不清他是从哪里冒出来的？他怎么和家里人一点儿都不像呢？"

你没有这样想过吗？难道只有我产生过这样的想法？

在日复一日地养育孩子的过程中，我们很容易忘记他们还只是孩子。特别是当我们有不止一个孩子时，会更容易忘记他们每个人都有自己的行为方式、兴趣爱好，会对生活中的各种情况做出不同的反应。我自己就是这样，经常忙得晕头转向，把四个孩子当成一个人对待，忘记要根据他们的特点养育他们。例如，其中一个孩子喜欢身体接触，如果他发脾气或情绪低落，通常意味着他需要拥抱、爱抚，甚至是打闹或打架。而我的另一个孩子喜欢交谈，所以我会和他聊天，而且经常聊到半夜（一聊就停不下来）。

每个孩子都有不同的需求，所以我们必须花时间认真了解每个孩子的特点，这一点至关重要。你对儿子了解、理解和尊重的程度，直接反映了你作为一个家长的合格程度。许多父母认为他们的职责是为孩子设定一个理想，然后尽力推动孩子朝理想前进，将儿子塞进自己为其铸造的模具中。

与其如此，为什么不让他们创造属于自己的理想呢？身为父母，我们需要花时间发现每个孩子与生俱来的独特性；身为父母，我们不应把孩子培养成我们想要的样子；身为父母，我们应该全面了解儿子，观察他们的特点，关注他们的需求、欲望、热情和兴趣，将儿子培养成他们想成为的人。

然而，即使我们认识到了儿子的独特之处，通常也不会采取什么行动。很多时候我们能够欣赏他们的独特之处，却不会告诉他们。上一次你告诉儿子，你欣赏他们的性格、观点、做事方式（尤其是与你的做事方式不同时）或天赋时，是在什么时候？今天就尝试一下吧：晚上睡觉之前，对儿子的与众不同之处至少给予一句称赞。

养成习惯是一个好方法。我有一个小笔记本，分成四个部分，分别记录每个孩子的信息。虽然我没有经常随身携带，但我会把它放在我的书桌上；外出时，我会把笔记本装进包里。当我发现某个孩子对朋友表达关心、尝试了新事物、做了一件好事、克服了一项困难、完成了一次艰难的社交对话、为朋友挺身而出，甚至对某一主题或学习科目表现出持续的兴趣时，我都会一一记录在笔记本上。我不会说得天花乱坠，而是用一个单词或一个短语提醒自己，然后在和儿子谈话时提及这件事，或者和儿子做一些与之相关的事。

因疫情被封锁在家的前几周，我的大儿子特雷弗在网上查阅了所有他能找到的关于新冠病毒和历史上流行过的疾病的资料。于是我在视频社交平台和纪实节目流媒体上观看了许多相关的纪录片，还给儿子订购了几本与这个话题有关的书。特雷弗喜欢与愿意倾听的人分享自己的想法，于是我们就病毒和过去人们应对瘟疫的方法有过数次交谈。一天他开玩笑说："如果我们走到哪里都要戴口罩，我希望能像17世纪、18世纪和19世纪的瘟疫医生那样戴上鸟嘴面具，然后在鸟嘴尖里塞满草药或油料。"

于是我给他买了一个瘟疫医生的面具，天知道他有多么高兴，我顿时觉得每一分钱都花得很值。日后当他回忆这段充满不确定性的时光，他被迫待在家里、不得不取消所有户外活动的时期，他一定会记起我们产生情感联结的那一刻。

通过关注儿子喜欢的、正在做的和擅长的事情，我们可以与他们建立情感联结和融洽的关系，同时提高他们的情商。请谨记一点，高情商比智力更能帮助孩子在未来走上成功之路，因此，我们要让孩子们感受到他们被重视、被在乎和被需要。

让孩子体验失败

让孩子感受到他们被重视、被在乎、被需要和被欣赏，并不意味着我们要一味庇护他们。敢于让儿子体验失败，然后在他们面对失败时支持他们，与引导他们走向成功同样重要。事实上，这也是在为他们今后的成功奠定基础。

大多数人都害怕失败，也不希望失败阻碍孩子的成长。虽然我们知道儿子能够从错误中吸取教训，但我们还是不希望孩子们经历失败。其实，对小孩而言，失败并不是什么大事。当你的儿子拖着垃圾袋走到路边时，虽然他在身后的水泥路面上留下了一条长长的痕迹，但并不会造成什么严重的后果。而当你的儿子即将在棒球比赛中取得胜利，结果在最后一击时出局，输给另一支球队时，虽然让人感到失望，但也不是什么危及生命的大事。

不过，虽然这两种情况不会造成什么致命危险，对孩子和他们的母亲来说却是可怕的经历。随着儿子不断成长，我们还可能遇上驾驶事故或考试不及格之类的问题，其后果也愈加严重，因此，家长会更想在一切发生之前介入，帮助孩子解决问题。

失败本就是生活的一部分。趁儿子和我们在一起生活的时候，我们应该抓住机会引导他们，帮助他们学习如何从错误中吸取教训。失败也是有益的，有助于培养孩子的韧性，但需要满足两个前提：第一，儿子懂得如何从失败中吸取教训，而且勇于重新尝试；第二，我们要让儿子记住，失败并不意味着永远失去机会。

特雷弗上三年级时，为了让他更独立一些，我们调整了他的数学课程表。他爽快地同意了，而且非常喜欢我们的安排。他说现在的数学课就像游戏一样，所以他每天都期待着上课。他的分数很高，似乎每件事都做得很好，所以我一点儿也不担心。之后，我给他安排了一次期中考试，想检查一下他掌握了多少内容，同时也想看看下一学年要不要继续上相同的课程。

结果他考得一塌糊涂。我出的题他大部分都不会做，于是我在他身边坐下来，和他一起研究问题出在哪儿。当他告诉我他如何完成每一节课时，我才意识到，这个学期他虽然没有学会数学，解决问题的能力却提高了。

虽然考试不及格，但是特雷弗一点儿也不难过，他根本没有把数学当作一门课程，而是当作一场需要获胜的游戏。我安排他每天上一节简短的数学课，然后布置一些练习，和普通的教师或视频授课的数学课程相似。不过，当他遇到困难时，他可以点击一个按钮获得帮助或提示。特雷弗发现了这个小技巧，于是利用提示缩小选择范围，从而节省了时

第五章 重塑期望：真正男子汉

间，减轻了精神压力，但也失去了扎实练习的机会。由于不怕失败，他通过试错和排除法发现了程序本身的算法模式，甚至不用知道实际问题就能得出正确答案。不过，最终他还是学完了三年级的数学，现在17岁，马上就要上高三了，同时也将成为一名大学新生，目标是获得计算机科学学士学位。

经历失败以及从失败中吸取教训可以培养孩子的韧性，帮助他们走向成功。

肖恩的妈妈凯西发现，每周让14岁的肖恩为家人做一顿饭，就能让他体验有意义的失败。虽然他只学会了独立完成几个菜，但长大成人后，至少不会只知道怎么做简单的拉面（或是像我第一次去我丈夫的公寓吃饭时，他只会给我做黄油炸罐装土豆之类的东西）。凯西让肖恩自由地在厨房里做饭，给他准备了满满一冰箱食物，告诉他在饭菜上桌后再叫她。她每次都会在网上帮他查阅一些简单的食谱，而且为他购买需要的食材。

她还教了他一些做饭的技巧，比如他应该如何获取柠檬皮之类的食材。不过她也犯了一些错误。看到肖恩做得太慢时，她会立即插手帮他完成。看到他可能会割伤自己时，她表现得惊慌失措。于是她设定了一些界限，控制自己的介入，肖恩就可以独立体验成功或失败了。在肖恩做饭的那天晚上，她或丈夫会待在厨房里，以防他出现什么问题，但他们也会投入地做自己的事情，比如看书、洗碗或工作。即使肖恩没有按计划做好饭菜，凯西也会确保家里的每个人都能吃上饭。毕竟整个家庭就是一个团队，队员之间需要相互支持。于是，肖恩逐渐成长为一名优秀、可靠的厨师，他的兄弟姐妹们也迫不及待地等着某天能轮到自己在厨房里做饭（凯西也盼着早一点从厨房退休）。

如果我们让孩子在小事上体验失败，他们就能找到让自己变得强大和坚韧的方法。后退一步，站在孩子身后吧。当孩子有需求时，再给予意见，而不要主动介入。观察你的儿子，如果他们准备好了，能够承担新的责任和挑战，就放手给他们自由。你可以询问一些问题，帮助你的儿子思考他们想要什么、他们是谁、他们喜欢什么、他们有什么样的感受，以及他们最终应该做什么。

重点结论

1. 教育你的儿子：关爱他人是他们能做到的最光荣、最勇敢、最有男子气概的事情，这也是他们打破男性刻板规范的第一步。

2. 当你与孩子完全合拍时，你才能成为最好的父母。

3. 只要学会放手，允许儿子自由地游戏和探索，同时观察和了解你的儿子，你就能够为儿子赋能，让他们找到并发现自己的激情、特质和技能，这些将陪伴他们度过一生。

4. 你对儿子了解、理解和尊重的程度，直接反映了你作为一个家长的合格程度。

5. 身为父母，我们应该全面了解儿子，观察他们的特点，关注他们的需求、欲望、热情和兴趣，将儿子培养成他们想成为的人。

6. 通过关注儿子喜欢的、正在做的和擅长的事情，我们可以与他们建立情感联结和融洽的关系，同时提高他们的情商。

7. 失败本就是生活的一部分。趁儿子和你在一起生活的时候，抓住机会引导他们，帮助他们学习如何从错误中吸取教训。

第六章

培养自信：获得力量感和价值感

自信是成功和成就的基石。

——博恩·崔西

开车去弗吉尼亚州的路途十分漫长，虽然我不确定这份工作是否适合特雷弗，但他让我开车送他，我也欣然答应了。他刚满 17 岁，在过去的两年里一直从事音视频编辑工作。他也十分擅长此道。差不多一年之前，他开启了自由职业生涯，获得了几个客户，每周为他们编辑播客内容。他还给一些开发教育课程的公司和一家订阅箱公司拍摄并编辑了几段宣传短视频。此外，他和兄弟姐妹合拍的一个短片在线上比赛中赢得了特效奖。

他已经准备好尝试更大的项目。

几个月前，我带特雷弗参加了我每年都会参与的一个社交媒体会议。我和会议创始人谢丽尔及谢恩·皮特夫妇已经成了好朋友，特雷弗计划在我参加会议期间为他们工作，负责制作音视频。他们的合作特别融洽，因为谢恩喜欢高科技，购买的都是昂贵的摄像设备，让特雷弗乐开了花。

那个周末，我在开会时用余光看到他和许多博主、播客主和在线课程创作者聊得热火朝天。在会议室里，他不再是我那个才十几岁的儿子，而是一位专业人士，他懂得社交，乐于助人，还会教学和指导他人。在11月的一天，与他交流过的一个女士打来电话，问他是否可以到弗吉尼亚州，帮她的在线音乐课程拍摄视频并完成编辑。这是一个大项目，也是更大的机会。因此，在圣诞节和元旦之间的一周里，我担任儿子的司机和助理摄像师，开了6个小时的车，跨越了多条州界，最后抵达弗吉尼亚州。

这个周末，看着他勇敢地承担起艰巨的工作，操作陌生的设备，指导大人和孩子，而且完全掌控了整间教室，我感到震惊不已。他胸有成竹的样子让我备感欣慰，他的自信也赢得了在场所有人的尊重和注目。

然而，建立自信并非易事。自信需要从小开始培养，在儿子们牙牙学语、蹒跚学步、跌跌撞撞、不断摔倒直到步入成年的过程中逐步形成。他们与你、他们的父亲、兄弟姐妹、朋友、其他成年人，甚至他们的敌人之间的互动形成并加强了其神经的可塑性。通过在整个童年时期经历的一系列与他人积极或消极的互动，他们学会了如何应对失望和成功等各种状况。如果一切顺利，他们就能像特雷弗一样获得力量感、价值感和自信。这能帮助他们应对挑战、建立人际关系、尝试新事物并不断拓展自己。他们也会对自己、他人和周围的世界充满信心。

然而，如果他们遭受太多次否定、拒绝或过度纠正，得不到支持或

第六章 培养自信：获得力量感和价值感

鼓励，他们更有可能变得缺乏安全感，不愿尝试新事物，不会处理人际关系，而且缺乏韧性。

神奇的大脑和可塑性

有趣的是，自信的建立由大脑中负责社交的部分决定，正是这一部分让我们成为独一无二的人。在人类大脑中，负责共情能力、计划能力、合作能力、组织能力、道德理性和语言能力的部分需要一定时间才能形成，因此在成长过程中，我们的儿子需要我们帮助他们培养这些技能。这种依赖是一种无形的力量，能够帮助父母与子女、父母彼此、家庭与群体以及全世界各群体建立关系。

如果他人值得信赖，我们的儿子就会信任他人，同时对自己的价值充满信心。然而，这种信赖体系一旦崩塌，孩子们就会在成长过程中产生自卑感，甚至产生羞愧感。孩子们在小时候依赖性最强，也最为脆弱。在这一时期，缺乏良好的社会关系会对他们的大脑发育产生负面影响，严重影响其自信心的确立。

在儿子还小的时候，他们需要获得共情、安全感和关爱。他们对关爱的需求深深地植根于细胞之中，但更重要的是，我们应该让他们知道：他们值得被关爱。我见过有人用冰山作比喻，即孩子们展现出来的行为是露出水面的冰山一角，而水面之下宽阔的锥形底部才是行为的根本成因。

在我看来，这个类比还有更多深意。如果我们一次又一次向儿子展示他们值得关爱，我们能够与他们共情，能够理解他们的感受，能够满足他们的需求，我们就是在为他们构筑广阔而强大的情感基础。也就是说，如果父母能够了解儿子、积极回应儿子的需求、与他共情、对他富有同情心、做孩子的支持者，孩子们的情感基础就会变得既安全又牢固。他们能够感受到被爱，能够感受到被倾听，也能够感受到自己的价值。正因为如此，与基础不太牢固的孩子相比，他们更有能力以健康的方式安抚自己或调节自己的情绪。情感基础坚实的男孩通常敢于探索，能够接受分离之痛，也能从失望中振作起来。他们会与他人分享自己的感受，因为他们知道自己的心声会得到倾听。他们是胸有成竹、根基稳固、情绪稳定的人。

他们无比自信。

五种有效关心孩子的方式

如果你正在阅读本书，想到自己打算为大儿子做的事或者想和大儿子一起做的事情都没有实现，于是一味自责，甚至有了放弃的冲动，坦白说，每一次读到关于育儿和教育的书时我都有这样的感受。不过，学习永无止境，我们可以不断改进，过度关注过去没有什么意义。我和全国各地的父母都谈过这个问题。对于未知的事，我们谁都无能为力，进步的唯一途径是不断前行。

为人父母的美妙之处在于容许失误。请记住，人的大脑是可以改变的。神经具有可塑性，也就是说，虽然在儿子还小的时候帮助他们构筑坚实且安全的情感基础最为理想，但是如果儿子的情感基础还不坚固，在一定时间内我们也可以努力帮助儿子克服这一问题。要确保孩子拥有坚实情感基础，最佳方法是帮助孩子树立自信心。

以下五种关心孩子的方式有助于增强孩子的自信心：参与、关注、欣赏、喜欢和关爱。作为父母，我们要学会在各种小事中表达自己对孩子的兴趣、感激、共情、尊重、深情和爱护，而前述的五种行为都能够展现我们的关心。接下来我们将深入探讨。

参　与

我的丈夫非常优秀，他是一名教师，也是孩子的拥护者。在结束了一天的工作之后，他总是努力把我们的家打造为一个既安全又可靠的地方。但我还是经常提醒他，他在家做事的时候，应该尽量让我们的孩子参与进来。我们的儿子总是以所爱之人为学习的榜样。他们想和我们一起做事，只是有时不知道如何表达自己的意愿，也不知道如何加入我们正在做的事情中。至于什么时候在什么地方让他们参与进来，则完全取决于我们自己。

我在前文中提到过，今年春天我丈夫买东西时，在停车场对面的一家饲料店的橱窗里看到有小鸡出售，于是买了十几只才三天大的小鸡。虽然我们以前讨论过要买些小鸡来养，但这肯定不是当日计划之中的事（嗯……至少不是以这样的方式购买）。之后他回到家，开始给小鸡搭建临时鸡窝，其他人又惊又喜，纷纷围了过去。但是他订购的鸡笼还没到，于是我们把小鸡暂时放在餐厅，孩子们也和小鸡玩得不亦乐乎。

几个星期过去了，鸡笼迟迟没有送到，整个房子散发着谷仓的味道，让我难以忍受。最后，丈夫勉强同意把小鸡搬出房子，放进旁边的车库里，又在那里给它们整理出一块空间。这确实解决了问题。鸡笼送到时，我庆幸终于可以把这些小动物从车库移出来并放到院子里了，毕竟那里才是它们应该待的地方。然而不巧的是，一股反常的寒流突然席卷了整个地区，丈夫和孩子们说，小鸡还没有长大，这么冷的天气无法在室外生存。

因此，丈夫决定在车库里组装鸡笼，而且他需要帮助。车库里的工作空间十分狭小。此时，我们已经有 18 只鸡了，其中有 6 只是一个朋友的儿子在复活节收到的礼物，但他没法在家里养鸡，就都送给了我们。这些小鸡已经长大了，而且很活跃，不会老老实实地待在一个地方。它们一会儿飞到栖木上，一会飞到育雏箱周围的波纹塑料墙外。车库的地板和鸡笼零件上到处都是鸡毛（和它们的排泄物）。

饲养小鸡需要做的工作很多，然而在臭气熏天的车库里帮爸爸照料小鸡，孩子们似乎对此兴趣不大。我提醒丈夫，即使是最简单的事情，大人也需要先给孩子做个示范。看到爸爸在组装东西时，十几岁的男孩通常会立即上前帮忙，这似乎理所当然。但是，如果你的儿子更喜欢计算机算法、视频、音频和编程，而不喜欢体力劳动、锻炼和运动，那么你应该让他试着挑战一次。

于是，丈夫让我们的大儿子参加组装鸡笼的工作。他把儿子叫到车库，两人用一下午的时间组装了整个鸡笼，天黑前就把小鸡安顿好了。夕阳西下时，两人在阳台上喝了一杯冰镇汽水，然后又一起去游了泳。

让我们的儿子参与重大的事情和重要的决定，以及在阳台上共享的时光，能在成长过程中为他们筑起坚实的情感基础。有了坚实的基础，孩子们就会有安全感，而且能感受到他们的想法是有价值的，他们所做的贡献是有价值的，他们的存在是有价值的。

第六章 培养自信：获得力量感和价值感

关 注

鼓励儿子参与正好满足了他们需要被关注的需求，而关注也是关心他们的一种方式。想要被关注是人类的核心需求之一，但过去人们往往认为应该给予孩子关注，但无须倾听孩子的心声，这种陈旧的思维范式实际上抹杀了关注的意义。这种思维范式将孩子视为关注的客体，而不是拥有自主声音的主体。

被关注意味着被倾听。

你的儿子是一个人，因此与所有人一样，他需要被关注和被倾听。剥夺儿子发声的权利等于剥夺了他们控制自己的生活的能力。这种做法会让儿子形成对权威的依赖（或者缺乏主见，总是需要别人告诉他们该做什么），而无法为儿子赋能，也无法培养他们控制自我、自己的态度和行为的能力。

在探索教育的过程中，以及与世界各地从事教育工作的人们交流的过程中，我最大的收获是看到了孩子们在被关注和被倾听后发生的变化。如果孩子的心声受到重视，而且在其成长、学习和业余时间中拥有发言权，奇迹就会发生。孩子们会感受到参与其中、被关注、被欣赏、被喜欢和被关爱的喜悦。他们会感受到被需要的美好。

你看过棒球比赛吗？我最喜欢在整场比赛中以及局势发生转变时观察大屏幕捕捉到的人群的反应。当人们意识到自己出现在屏幕上时，他们感到兴奋不已，而我喜欢看到这一幕。在镜头拍到他们之前，无论他们有多么无聊，或者因为拖拉的比赛感到昏昏欲睡，当他们的脸出现在大屏幕上时，他们会立即激动地跳起来，兴奋地朝镜头挥手，与朋友击掌或者亲吻配偶。

这是为什么？

这又回到了我们需要被关注的主题上。我们的男孩正在寻找表达自我的方式，他们需要知道自己足够重要，能够得到他人的认可和欣赏。而优秀的父母（比如你）收到儿子传递的这条信息后，应该在言语上、行动上和接触他们的过程中，向他们证明他们受到了重视。

你可以通过言语表达你对他们的重视。

让他们感受到你能够与他们共情。

让他们感受到你欣赏他们。

欣 赏

欣赏是我们表达关心的第三种方式，能够帮助我们的男孩建立坚实的情感基础，变得更自信和更能干。

最近我很累，一直忙着做一个项目，打算在周末前努力完成，这样我就可以花几天时间专心地陪孩子了。终于完成工作后，我走进家里，却看见之前我在休息时叠好的衣服还堆放在茶几上。

我无奈地坐下，捂着脸哭了起来。我独自坐在那里，泪水不住地滑落，感觉疲惫已经渗入每一根骨头。正在这时，我感觉有一只小手在轻抚我的背。"妈妈，没事的。你今天做了很多工作，太累了。我先帮你捶捶背，然后帮你一起把叠好的衣服放到楼上。"6岁的艾萨克说完，又帮我捶了一会儿后背。我抬起头，正好与他的目光相遇。他说："谢谢你今天完成工作，这样我们明天就可以去公园玩了。"

如果我们能够欣赏孩子做出的努力，他们也会以同样的方式欣赏我们的付出。他们能够发自内心地与我们共情。如果你欣赏他们真实的样子，他们会以微小的方式回报你，比如在你出差时给你的包里留一张贴心的字条，帮你倒好咖啡，或是在你最需要的时候帮你捶一捶后背。

喜　欢

通过小事表达你对孩子的欣赏，他们也会以相同的方式回报你。当他们在家里做事时，为朋友帮忙时，玩游戏时，或者正在学习某项技能时，请告诉他们你喜欢他们的所作所为。欣赏儿子和他们的行为、他们所做的事情并且让他们知道这一点，是一种更深层的关爱，能够巩固前文谈到的自信的基础。当你的儿子有了参与感，感受到被关注、被欣赏和被喜欢，他们就会深深地感受到自己被生命中最重要的人关爱，而那个人就是你。

关　爱

我们需要不断巩固和加强儿子自信心的基础。想一想你平时在脑海中怀疑自我的频率，而孩子怀疑自我的频率会增加一倍。和孩子一起发现那些关注你们、对你们友好、有同情心、心存感激、一往情深或关爱你们的人吧。对你的儿子来说这可能是一个比较大的挑战，他们不一定懂得如何表达，所以你应以身作则，示范给他们看。你可以试着对儿子说："今天早上我下楼的时候，你看到爸爸为我准备的咖啡了吗？我感受到了他对我的爱，这是一天的美好开始。"也可以说："克里斯蒂娜小姐今天给我发了一条短信，让我感动得热泪盈眶。她说，她给我发信息就是想告诉我，她很感激生命中有我。"尝试与儿子分享生活中这些让你感动的事吧。

你对关心行为的关注也会让他们开始关注这些行为。这会帮助他们与身边的人建立更牢固的关系，尤其在家庭成员之间，因为他们会经常看到家人通过各种小事来表达对他们的关心。每一次经历都会加深他们对关心这一概念的记忆，逐渐形成一种核心信念，即他们被重视、喜欢和关爱，从而为培养他们的自信奠定坚实的基础。

别让孩子过于苛责自己

用心爱孩子不仅对他们有益，也让我受益匪浅。就我而言，这是当母亲的好处之一。许多阅读本书的人可能都像我一样，不曾拥有美好的童年。如何治愈过去的创伤并非本书的重点，但值得一提的是，在成为优秀父母的旅程中，我们往往会重新审视过去不太理想的生活。不过，如果我们能够坦然面对过去，给予孩子我们不曾得到的东西，其实也是一件美好的事情。一方面，我们可以和孩子一起感受美好，另一方面，我们也许可以在这一过程中治愈一些创伤。如果你能用小时候你希望别人对待你的方式对待你的孩子，这种补偿性的行为也是对你的灵魂的修复，对你的价值的肯定，说明你可以无条件地去爱别人。

是时候帮助你的儿子处理头脑中那些告诉他们自己不够好的声音了。你明白我的意思，对吗？试想一下，别人苛刻地对待你的时候，你的第一反应是什么？你反击了吗？还是退缩了，什么也不敢说？你有什么样的感觉？伤心？愤怒？难以置信？一旦你从最初的情绪冲击中恢复过来，接下来会怎样？

第六章 培养自信：获得力量感和价值感

通常，在最初的情绪平静下来之后，又会涌现第二波情绪。第二波情绪可能会触发一场新的内心对话，讨论当下你能说什么或者应该说什么。你会在脑海中一遍又一遍地回放整个事件，重温整个过程以及与之相关的感受。如果把这个过程想象成拳击手的一套组合拳，那么第一拳来自外部力量，而第二拳是你对自己的攻击。在我的一生中，因为我不断地向自己挥出第二拳、第三拳、第四拳，甚至更多，我失去了太多睡眠时间。我猜你也有过同样的经历。

你与朋友或丈夫之间产生小误会时，这件事在你的脑海中重现过多少次？你有没有过度思考一些让你感觉受到忽视或轻视的事情和活动，烦恼该采取什么措施避免这种情况发生？在你本可以平息内心的愤怒并原谅他人时，你又怨恨了多久？作为父母，我们需要帮助儿子打破这种自我厌恶和自我指责的恶性循环，但也要让他们认识到这是人类的本性。我们对自己挥出的这几拳是我们痛苦的来源，更糟的是，我们可能会因此说出一些让自己后悔的话，甚至做一些之后会感到后悔的事情。

从某种程度上说，我们可以帮助儿子避开最初的那一拳。我们可以在家中创造平和有爱的环境，减少他们与难以相处的家庭成员或熟人之间的接触，增加能够培养平和心境和爱心的活动。

第一次决定不参加大家族举办的盛大圣诞聚餐时的感受，我永远也不会忘记。那一年圣诞，我们决定待在家里，与 8 岁的儿子和两个女儿（一个 2 岁，一个才 4 个月大）一起度过一个安静的圣诞节，但这一决定并没有得到大家族成员们的支持。大家族中的许多成员都发表了不同的意见，我的父母也非常生气。不过，对我们的儿子来说这个决定绝对正确。

  我们的每个圣诞假期都让儿子备感压力。一到圣诞，一大家子就会聚在一起，声音嘈杂，各种气味、声音和活动让他难以忍受。特雷弗小时候是一个极端的思想家、演说家和实干家。而圣诞聚会上的一切让他感觉像是服用了激素，一直被来参加家庭聚会的成员挨个儿呵斥或指责。对我们而言，圣诞聚会不再是欢庆节日的活动，而是无数个努力把伤害降到最低程度的下午或晚上。

  在家度过的第一个圣诞节对我们全家人来说犹如一份可贵的礼物，既安静又惬意。我们在圣诞节的前一天晚上做好砂锅菜，第二天早晨一边吃早餐，一边拆礼物。然后我和丈夫坐在客厅里喝咖啡，看孩子们玩玩具，最小的女儿则躺在摇篮里酣睡。下午我们一起唱了圣诞颂歌、玩了游戏，家里充满欢声笑语，最后还有丰盛的大餐。晚上，我们把下午剩下的三明治和馅饼当夜宵吃完，然后孩子们抱着新的毛绒玩具安静地入睡，一天就这样结束了。从第一次在自己家过圣诞节后的十年间，我们每个假期都是在家里度过。我们的选择给了儿子安全感，也创造了我们一直期待和珍惜的美好家庭传统。

  这并不是说为了保护我们的孩子，我们不让他们受到任何聚会以及随之而来的各种期望的影响；也不是当他们在一个场合表现得情绪激动，人们都在看着他们犯错时，让他们免受打击。我们只是选择先让孩子积累更多成功的经验，而不是一下子把他们推出去面对组合拳。我们先让他们参加与表亲、阿姨和叔叔交换礼物的小聚会，然后再出席更大的活动。我们最喜欢的不是在当天组织活动，而是在生日过后找个周末进行庆祝，在圣诞节后一周再开始圣诞礼物交换活动，或是在圣诞假期前的一个周末举行家庭聚会。我们会帮助儿子在一些小事上取得成功，然后鼓励他们在更大的活动中运用这些技能。搭建脚手架是一种良好的策略，我们可以用这种方式帮助儿子（尤其是那些比较冲动的孩子）创造出安全友爱的环境，那么当他们面对他人挥出的第一拳时，就不至于产生过度的情绪反应。

不过，我们无法阻止所有的伤害。有时你的儿子会磕到脚趾，痛得撕心裂肺。还有很多诸如此类的事情。可能他的好朋友会因为他做了什么或没有做什么对他大发脾气。可能有人会对他大喊大叫，让他感到惊吓和愤怒。他会感受到自己的情绪，而且是真实的情绪。而我们应帮助他把注意力集中在他的感受上。

我们应教会他驾驭这种体验，同时关注他此刻的感受。他的心跳加快了吗？他的脑海里是思绪万千还是一片空白？当他烦恼应该反抗还是逃跑时，他是否紧握双手？我们应帮助他学会像科学家观察事物那样，用好奇和关怀的态度接受这些感受。

然后我们应帮助他释放紧张的情绪。我们可以教他放松肌肉，用更冷静的想法代替挑衅式的想法。教他学会深呼吸，用鼻子吸气，用嘴呼气。当他紧握双拳时，教他伸展双臂和双手，学会放松。教他缓和紧张的心情，释放不健康的思想和情绪，这些会成为让你儿子终身受用的礼物。

最后，请帮助你的儿子学会在这样的时刻吸收有益的东西，他就会懂得用有益的思想取代消极情绪。像是改善自我对话的内容，重构自己的想法，或改变看待问题的视角，都是孩子在现在和未来遇到组合拳时可以采用的策略。

你能做的最重要的事情，是帮助儿子认识到人生路上发生的小挫折和失败都是生活中自然且不可避免的内容。虽然他无法控制自己将要经历的所有事情，但是他可以控制自己对这些事情的反应。例如，他盼了一个夏天，期待着去玩新的过山车，而当你终于抽出时间带他去游乐园时，过山车却因为维修而关闭了，遇到这样的事确实很倒霉。孩子一定会感到失望至极。尽管如此，我们也没有必要让失望毁掉他一整天的心情。他可以选择去玩别的过山车，或是吃一顿美食。如果他能够接受最初的失望，即一次挫折，他就能够中断消极思想的回流，就像用一个排水塞挡住水流一样，让自己从自我指责的组合拳旋涡中走出来。

打败内心的批评家

把挫折视为生活一部分的看法对我们大有裨益。例如，大多数人都很在意别人对我们的看法。如果别人批评我们，我们会感到不安。但是，如果我们过度关注别人对我们的看法，我们又很容易感到尴尬或羞愧，甚至会受到伤害。我们会因此变得脆弱不堪。这些都是生活中常有的痛苦，能让我们产生积极主义和利他主义等伟大思想。但是，如果我们的儿子在经历了最初的痛苦之后不断自我否定，就会生出孤独、嫉妒、怨恨和愤怒的情绪。最后他们会失去目标，变得脆弱无力，只能放弃自己的梦想。

这时请教你的儿子后退一步，然后深呼吸。帮助他们认识到专注于负面情绪或因未能做得更好而自责只会让事情变得更糟，而这些都是可以避免的痛苦。引导孩子了解我们内心中的那个批评家。我们内心总有个声音告诉我们，我们不够完美，我们应该放弃。虽然我们觉得只有自己能听到，但实际上它存在于每个人的内心。

我们的内心都有两个重要的声音。一个声音鞭策我们，一个声音诋毁我们。一个是鼓励的声音，一个是批评的声音。这两种声音对一个人的正常发展起着重要的作用。鼓励的声音会教我们的儿子学会关爱自我。这个声音会鼓励他们相信自己，满怀信心地不断前进。批评的声音对我们的儿子同样有利，能够帮助他们发现自己的问题，进而做出弥补并扭转局面。这能激发他们的同理心，同时提高他们的情商。

不幸的是，内心的那个批评家经常容易走极端，可能会变得阴险、挑剔，会羞辱、责骂我们的儿子，不停地吹毛求疵。久而久之，这个批评家会变得越来越强大，充满压迫感，最终压垮孩子。内心的批评家也可能完全超越内心的鼓励者，使之变得渺小无用，最终摧毁儿子的自我价值感，让他们感到羞愧，影响他们的情绪和韧性，让他们陷入无休止的羞愧和自卑的循环。

不过，我们有办法对抗内心那个批评家的声音。我们的男孩需要理解自我批评的循环，而且意识到他们在苛责自己。我们应该与他们交谈，帮助他们识别自己的痛苦和需求，维护他们的权利。我们可以帮助他们认识到自己什么时候会对自己感到愤怒，与他们讨论调节情绪的方法。让他们仔细聆听脑海中那个批评家责备或羞辱的语气，帮助他们将这种语气标记为批评。提醒他们，他们感受到的痛苦很重要，同时也要让他们知道，当他们情绪低落时，你会支持他们。

如果我们的男孩能够关注内心的对话，就能吸取教训，逐渐学会以更加友善的方式对待自己。他们会停止认同消极的思想，也能够意识到这些思想并非自己的真实想法。这种做法是对内心鼓励者的支持，能使之变得更加强大，成为孩子们的盟友，帮助他们击败内心的批评家。

当男孩内心的那个鼓励者变强大了，他们就能在别人批评自己时保护和鼓励自己，因为他们已教会自己相信善。

好消息是，我们作为妈妈，可以在壮大儿子内心鼓励者的过程中发挥关键作用。从小时候开始，他们就会根据养育者养育他们的方式培养内心的鼓励者。我们越是赞美儿子、支持儿子、关爱儿子，他们内心的鼓励者就越强大。在他们内心的批评家提高声音时，或者生活充满挑战时，让你的儿子召唤那个内在的鼓励者吧。

鼓励儿子在内心的批评家发声时保持警惕。告诉他们不要相信这个声音。帮助他们摆脱这个声音的影响，做出自己的选择。帮助他们学会质疑内心的批评家说的话。告诉他们，当别人刻薄地对待你时，内心的批评家会如何迅速壮大。告诉他们，那些伤害他人的言行是错误的，而他们也不应该刻薄地对待自己。

重点结论

1. 儿子们需要被关爱，这深深地根植于他们的细胞之中，但更重要的是，我们应该让他们知道：他们值得被关爱。

2. 如果父母能够了解儿子、积极回应儿子的需求、与他共情、对他怀有同情心、做孩子的支持者，孩子们的情感基础就会变得既安全又牢固。他们能够感受到被爱，能够感受到被倾听，也能够感受到自己的价值。

3. 通过五种关心的方式增强孩子的自信：参与、关注、欣赏、喜欢和关爱。

4. 让你的儿子积极参与各项事务，同时让他们感受到他们的思想是有价值的，他们的贡献是有价值的，他们的存在是有价值的。

5. 你的男孩正在寻找表达自我的方式，他需要知道自己足够重要，能够得到他人的认可和欣赏。

6. 你对关心行为的关注也会让你的儿子开始关注这些行为。

7. 如果你能用小时候你希望别人对待你的方式对待你的孩子，这种做法也能治愈你儿时的创伤。

8. 你的男孩需要学会理解自我批评的循环，而且意识到他们在苛责自己。

9. 当男孩内心的那个鼓励者变强大了，他们就能在别人批评自己时保护和鼓励自己，因为他们已教会自己相信善。

3

建立人际
关系

孩子属于他的家庭,在理想情况下,
家庭是孩子的避风港,是他们与世界之间的缓冲区。
父母属于社会,是广阔世界的一分子。
有时父母是通向广阔社会的门径,有时是保护孩子的盾牌。
在理想情况下,父母能够像过滤器那样指引和教导孩子远离不良的诱惑。

———

路易丝·哈特博士

还记得儿子小时候你给他喂饭的情景吗？他坐在高高的婴儿椅上，张开小嘴准备吃勺子里的食物时，你是不是也张开了嘴？看见别人打哈欠时，你是不是也跟着打哈欠？（你现在是否正在打哈欠？）当你走进游戏室，听见孩子们在玩游戏时发出阵阵笑声，你是否也会情不自禁地开始微笑？丹尼尔·西格尔和蒂娜·佩恩·布赖森在其著作《全脑教养法：拓展儿童思维的12项革命性策略》中提到，这种现象被科学家们称为"情绪传染"。因为他人内在的状态，如快乐、恐惧、轻松、悲伤或愤怒，会直接影响我们自己的心理状态和行为。我们会把他人拉入我们的内心世界，他人也会把我们拉进他们的内心世界。

西格尔和佩恩认为，这就是神经科学家把大脑称为社交器官的原因。我们生来就与他人存在千丝万缕的关系，也知道这些关系从何而来。我们不断成长，也会因为与我们建立关系的人变得越来越好或是越来越糟。也就是说，在孩子的一生中，与之建立关系的人就是塑造他们的人。人际关系决定了他们余生会以何种方式与他人相处。

在儿子们还小的时候，我们要确保围绕在他们身边的人是那些能够帮助他们成长的人，能在行为方面为他们树立榜样。此外，在成长的过程中我们还要帮助他们扩大社交圈，这一点至关重要。在《养育男孩》一书中，史蒂夫·比达尔夫解释道，男孩在走向成熟的过程中会经历三个阶段，每个阶段的需求各不相同。他指出，从出生到 6 岁左右，男孩子往往与母亲的关系最为密切。这时正是他们建立坚实基础的时候——爱和安全感的基础，能让他们感到温暖和安全。

比达尔夫说，男孩到了成长的第二个阶段，也就是 6 岁到 14 岁时，尽管仍然离不开母亲，但他们更希望自己有男子汉的样子。因此，在这一阶段，他们更期待与父亲一起拓展自己的兴趣，参与各种活动。这也是我们的儿子树立自信、培养能力、学会表达善意及同情和轻松游戏的时候。他们正学习如何成长为一个全面发展且各方面平衡的人。

最后，进入第三阶段，即从 14 岁一直到步入成年，这个阶段的男孩需要父母以外的成年导师的指引，而导师需要具备良好的道德品质，能够帮助我们的儿子成为一个富有同情心的社会成员。比达尔夫提醒我们，我们的儿子不会突然从一个阶段跳跃到另一个阶段，他们也不会真的放弃与父母建立关系，而这种关系是培养孩子的韧性和情商的基础。实际上，这三个阶段会相互重叠。这些理论只是一种大概的划分，有助于我们了解儿子在不同年龄段的需求，从而帮助他们建立牢固的人际关系和情感联结。

如果在我们的儿子与生命中最重要的人相处时，我们对他们处于何种发展阶段有清楚的认识，我们就能帮助他们发展重要的技能，如沟通、倾听、解读非语言表达，学会分享，懂得奉献。他们也会开始了解自己在周遭世界中的位置，以及如何建立起成功的人际关系。

第七章

家庭支持：归属感和安全感

家庭是指引我们前进的指南针，
是鼓舞我们攀上高峰的灵感，是在我们偶尔步履蹒跚时获得的安慰。
——
布拉德·亨利

在福克斯3岁左右，他的妈妈谢丽尔成了一名照顾家庭的全职妈妈。福克斯总是跟在妈妈身后，和她以及小朋友一起玩。他们家还有一位科茨夫人，她是一个善良的老太太，会经常过来帮忙洗衣服。有一次，科茨太太不幸遭遇了一场可怕的车祸，从头到脚都有严重的瘀伤，看上去像是被人狠狠地揍了一顿。谢丽尔发现，她全身肿胀的样子让孩子们觉得很可怕。

有一天，科茨太太在等衣服洗完时找到了谢丽尔，眼里含着泪花。她告诉谢丽尔，刚才自己坐着休息时，可爱的小福克斯悄悄地走到她身边，把小手放在她的脸颊上，深情地看着她的眼睛。他对她的共情和关怀深深地打动了科茨太太。福克斯看到的并不是一个浑身淤青、丑陋无比的老太太，也不是她自嘲时形容的"一个行走的巨大的血色肉球"。他看到的是一个疲惫、痛苦和情绪低落的人。福克斯把胖乎乎的小手指贴在她的脸上时，一股暖流在她胸中油然而生；他内心深处流露出的情感触动了科茨太太，让她不禁潸然泪下。

这种情感联结让我们认识到，无论生活有多么艰难，我们都能渡过难关。这种情感联结让我们有了安全感。这种情感联结让我们敢于冒险，勇敢向前，感知被爱。这种情感联结让我们有底气告诉他人，他们可以在受伤时问我们求助，也让我们知道，我们在需要帮助时可以求助他人。

情感联结不仅可以帮助我们度过艰难时期，也能带给我们更强大的安全感，让我们有所依靠，给我们带来快乐，帮助我们进一步发挥潜力。如果我们花时间与孩子建立起牢固的情感联结，他们就能感受到我们深深的爱意，认识到我们愿意为他们付出一切，而且会始终支持他们。我们之间的情感联结能够给予他们力量，为他们树立榜样，帮助他们与他人建立起牢固的情感联结，发展良好的人际关系。

从儿子还是个婴儿的时候（那时我们是他们的宇宙中心）开始，到他们慢慢长大，不断扩大社交圈，并最终在社会中占据一席之地的过程中，他们都可以通过建立情感联结获得归属感。儿子们还小的时候，我们很容易感受到他们对我们的依赖，但是，随着他们不断建立新的社交关系，离开我们去寻找其他人生导师及有影响力的人，我们与他们之间的关系会变得越来越难以调和，这是孩子进入青春期时自然且正常的表现，因为他们对家庭之外的情感联结产生了信任。

我们的儿子与关心他们且愿意支持他们的人相处时，可以获得安全感。如果我们希望他们养成坚韧不拔的性格，这一点至关重要。没有坚实的情感基础和不断扩大的社交圈，孩子们会不愿意冒险，也不愿意尝试新事物。如果他们无法推动自己去承担风险，就会变得越来越胆小，越来越怯懦。

我们的儿子需要建立多种不同的人际关系圈，才能获得安全感以及被需要、被理解和被保护的感觉。我们希望孩子们能够在我们的指引下建立这些情感联结，因为身为父母，我们需要了解和信任孩子们正在接触的人，这一点固然很重要，但我们也需要谨慎，不要给孩子灌输焦虑的情绪。大部分人都是善良的，在让孩子擦亮眼睛的同时我们也希望他们知道社会中有许多值得结交的人。

最近我录制了一期播客，采访了作家布莱克·博尔斯，他已经出了好几本书，也是非传统学习（特别是自主教育）方面的专家。他说，如果我们想让青少年学习他们感兴趣的知识并取得成功，一个最有效的方法就是让孩子给这方面的专家发一封电子邮件，询问是否可以与他们交流。他指出，当一个青少年足够自信，能够主动发送电子邮件，请求了解专家热衷的领域时，很少有专家会不感兴趣。通常情况下，专家都会欣然同意。

当我第一次把特雷弗从学校带回来，让他在家里学习时，我并不了解周围有没有其他人也这么做。我带儿子参加了我能找到的每一项活动，都是我认为他会感兴趣的活动，因为我希望他热爱学习，也能结交同样志趣的新朋友。他在 8 岁时成为本地天文协会最年轻的会员，因为我们参加了他们组织的所有活动，而且特雷弗总能提出有深度的问题。当他申请加入协会时，他们欣然同意了。如果我们一味教导儿子远离陌生人，就会剥夺他们与他人建立联系并获得丰富生活的可能性。

从共情开始建立情感联结

建立任何一种持久的情感联结都需要从共情开始。共情在孩子建立社会关系的过程中扮演着举足轻重的作用。但首先我们需要了解共情不是什么。共情不是一味赞同。共情也不是同情他人。共情的核心是我们站在别人的立场上产生的感受。共情就是感受他人的感受。你以前听过这句话吗？共情就是站在他人的角度思考问题并做出判断。这句话值得我们牢记。与他人共情并不是理解他人的经历。事实是，我们可能永远无法完全理解他人的经历，但我们可以尝试体会他人的感受。你可以说："很抱歉，我很难想象你经历了什么。"这样真诚的语言可以给予他人温暖和安慰。

如果我们能与儿子共情，让他们知道他们的经历和观点很重要，就是在直接向他们展示，与他人交往时我们应如何对待他人才能与之建立持久、真实的关系。然而，我们对儿子的期望往往有失公平。我们常将他们视为自我的延续，或是有待培养的小生命，很难想象他们有什么真正的问题。我们会觉得，他不就是与邻居家的小孩产生了一点误会吗，怎么会如此难过呢？的确，这点小误会与我们在工作中遇到降薪的问题难以相提并论。他的好朋友还在与癌症作斗争，他怎么能仅仅因为胳膊擦破了一点儿皮就大哭不止呢？我知道自己在特别忙的时候会敷衍儿子，让他不要斤斤计较或者干脆把这件事忘掉。

但是，儿子们遇到的问题和我们遇到的问题一样真实，如果我们没有与他们共情，不去认真倾听，不给他们树立榜样，他们就无法学习如何与他人共情。如果我们习惯将他们的痛苦最小化，甚至因为他们的感受而贬低和羞辱他们，就等于拒绝了他们主动向我们寻求支持的意愿。

男孩们需要被关注和倾听，但是，我们应该站在他们的角度去倾听他们的问题。男孩的童年充满挑战，作为成年人的我们可以回忆一下自己的童年，真诚地对待那个曾经是孩子的自己，并与之共情。男孩需要他人与他们共情，更重要的是，他们需要看到成年人在他们的生活中展现和示范如何与他人共情，这样他们才能成长为有爱心的成年人。如果他们很少关心他人，也不懂得站在他人的角度看待问题，在长大成人后，他们也会很难与他人建立持久的关系。

与我们的儿子共情，能够给予他们安全感和鼓励。从本质上说，这么做是为他们编织了一张安全网，有了这张安全网，他们会知道自己得到了倾听和认可，也知道他们可以在需要时得到帮助。他们会愿意坦率地分享遇到的困难，因为他们知道自己不会被贬低或羞辱。他们犯错时也会主动寻求我们的帮助，因为他们知道我们不会指责他们，而会支持他们。

本书的主题是探讨如何培养男孩的韧性和情商，所以我想花时间强调一点，即在孩子们释放情绪时与他们共情有多么重要。这一点怎么强调都不为过，特别是在鼓励孩子们表达自己的情绪的时候。

你可能以为今天的社会处处追求平等，在让男孩表达自己的情绪方面，我们不需要做更多的事情了。当男孩们感到受伤或悲伤时，他们当然可以哭出来；当他们感受到开心、尴尬、恐惧或其他情绪时，也可以表现出来。然而，不断有研究表明，成年人对待年幼的男孩或女孩的态度存在很大的差异。

女孩们通常会得到更多的关怀、赞美和拥抱。而男孩们得到的往往是恐吓、打骂和不管不顾。男孩们听到的总是"不要动不动就感到委屈""要坚强，不要轻易流泪"之类的话。他们的恐惧被最小化，听到的总是"不要怕，要勇敢"。

这些态度与共情完全相反。持这种态度的成年人（往往是无意识的）无法站在儿子的角度看待问题，往往会因为不满而羞辱儿子。

如果我们强迫儿子与他们真实的情感断开联系，就是否认儿子在建立人际关系和从挫折中恢复时需要的重要技能。

革命性的男子气概

培养儿子的男子气概其实很难。男孩的行为方式往往助长了一种误解，即他们的内心感受不像女孩那么强烈。女孩们会很自然地找我们谈论她们的朋友、感受和一天中发生的大大小小的事（有时简直没完没了，如果你像我一样，既有儿子又有女儿，你一定深有体会）。而我们的儿子往往会淡化问题，如果朋友的聚会没有邀请他，或者孩子们设置"我的世界"服务器时没有让他参与，他会假装不知道。女孩们面对不公待遇时往往反应强烈，她们会直接向我们发出挑战，大喊大叫，努力争取自主权、自由熬夜权、去朋友家玩或者上网聊天的权利。而儿子会表现出一副无所谓的样子。他们会退缩，沉默，一笑而过，表现出疲惫的样子，甚至好像听不到我们在和他们说话。虽然"女孩就要有女孩的样子，男孩就要有男孩的样子"这种一概而论的观点是错误的，但是，男孩和女孩的行为模式往往强化了我们脑中先入为主的观念，即男孩的感受不如女孩深切。

第七章 家庭支持：归属感和安全感

然而，事实上情况可能正好相反。男孩的感受虽然不一定比女孩的更深切，但至少一样强烈。研究表明，男孩们丰富的内在生命力往往在青少年时期就被这些社会偏见扼杀了。心理学家尼奥比·韦在其著作《深层秘密：男孩的友谊与人际关系危机》（*Deep Secrets: Boy's Friendships and the Crisis of Connection*）中指出，小学末期和初中早期的男孩会谈论他们深厚的友谊以及他们对朋友的关爱。他们会谈论被倾听的重要性，以及拥有了解自己的人的重要性。然而，随着年龄的增长，他们会更多地谈论自己的伙伴而不是朋友。他们会以活动为中心的角度去描述他们的友谊，而不是将之视为具有深刻意义的关系。事实上他们逐渐形成了一种观点，那就是他们过去与朋友之间的关系不够有男性气概，而是更女性化。

妈妈们，我不知道你们会怎么想，但我希望我的儿子们能够与他人建立并维持持久的友谊，是那种有意义、深刻、有情感联结而且真实的友谊。我希望我们生活的世界不要让儿子认为封闭和抑制自己的情感是男子气概的标志。我希望这个世界能够让所有男孩认识到，男子气概的基本特征之一是能够与周围的人共情并且善解人意。这种善解人意的特质能够让他们成长为优秀的同事、朋友、爱人、丈夫和父亲。我希望我的儿子们能把他们的儿子培养成善良、慈爱的父亲，并且将这样的认知代代相传。我希望我的儿子能够成为这个世界的革命者，男人能够通过在家庭和社会中建立有意义的社会关系和情感联结而使自己受益。

有了这种革命性的男子气概，男性在最具挑战性的时代会更具韧性，因为他们不需要了解一切，也不需要为每个人付出一切。他们能够坚定地立足于自己的优势，同时能够意识到自己的弱点就是他人的优势，因此会在需要时寻求他人的帮助。

有了这种力量，儿子就能够昂首挺胸地度过艰难的时刻，相信自己有能力照顾所爱之人，因为他清楚地知道自己擅长什么，也能让所爱之人在最擅长的领域翱翔。

感受，修复，重试

仅凭个人的力量我们无法改变世界；我们也不可能让儿子完全不受社会中各种形式的偏见和刻板印象的影响，但我们可以在家中为儿子创造一个空间，让他们能够自由、充分地表达自己的情感。尼奥比·韦指出，我们可以从了解孩子们的情绪开始。我们儿子的内心世界充实而有深度，情感丰富，只是他们没有与我们分享而已。懂得了这个道理，当儿子们表现得沉默和冷漠时，你就不会那么沮丧了。你需要改变自己看问题的视角，以前你认为他们什么都不在乎，但事实是他们需要时间和空间来处理情绪。你的理解能够给他们时间去增强自己的韧性，而不会强化那种"男人不会表露情感"的刻板印象。

我们对儿子的内心感受和痛苦做出何种反应，他们非常在意。在我的孩子还小的时候，我想让他们知道擦伤膝盖虽然很痛，但这是在夏天玩耍时不可避免的经历，因为骑自行车、滑冰和跑步时都有可能擦伤膝盖和肘部。有一年夏天，我的大儿子还很小，他擦伤了膝盖，我在给他包扎的时候忍不住祝贺他。我说："哇！你已经经历过夏天的第一次擦伤啦！夏天真的来了——欢呼吧！拥抱夏天吧！这些伤口的确有点疼，确实很讨厌。幸亏我们家有尺寸合适的绷带，你想选哪一个？我们把膝盖包扎好，就可以去吃冰棍喽。"从那以后的 15 年间，他在每年夏天的第一次擦伤都会成为我们之间的话题。庆祝膝盖擦伤不是为了减少擦伤的痛苦，而是将擦伤视为迎接夏季的一种仪式，认可这种痛苦和因此带来的不便，然后继续前行，这样我的孩子就不会害怕骑自行车或爬树了。对孩子来说，如果我们能够认可他们的情绪、与他们共情并平静地做出反应，孩子就会在潜移默化中学会如何应对。我们便能教会儿子们掌握在面对挑战时的宝贵应对机制：感受，修复，重试。

请谨记一点，在能够感受到共情和关怀的环境中成长的男孩也能学会与他人共情并关怀他人。"我真的很爱你，也很在意你。请帮助我理解你现在的感受，这样我就可以帮助你。"这样简简单单的一句话能在你和儿子之间架起一座桥梁，在家庭内外的人际关系中产生深远的影响。

珍视与孩子相处的时间

布拉姆和小妹妹艾米莉之间有一种特殊的情感联结。从艾米莉出生的那一刻起，她的父母就注意到了这一点。谢丽尔和谢恩一边让孩子们在家里学习，一边管理自己的企业，有充裕的时间与家人相处，能够不断见证和培养兄弟姐妹之间的情感。"有一天，"谢丽尔回忆，"我和艾米莉因为练钢琴的问题吵得不可开交。她才 5 岁，但我让她做的事她偏不做，导致彼此情绪都非常低落。这时布拉姆走进房间，问我能不能让他试一试，我当时还在气头上，说了一句'祝他好运'，就去了另一个房间。可没过几分钟，我就听到了艾米莉弹琴的声音。我走进自己的房间，关上门，在床边坐下。我竟然无法让女儿去练琴（她喜欢弹琴），而我9岁的儿子都做得比我好。"谢丽尔备感挫折。身为妈妈的我们经常会因为孩子不听话而感到沮丧。我记得，当我那只有两岁的儿子艾萨克告诉我莫莉（他7岁的姐姐）才是他最喜欢的妈妈时，我也产生过同样的挫败感。

谢丽尔记得自己在房间里坐了一会儿，然后听到了敲门声。她打开门，看到布拉姆，他说："妈妈，别担心。有时候我们只是需要换个环境。平时都是你陪艾米莉练琴，今天她只是想改变一下。今天我来陪她，你好好休息。"

儿子还小的时候（特别是第一个孩子，比如我的特雷弗），我们会关注他们做过的每一件小事。我们会庆祝他们成长过程中的每一个里程碑。我们会看他们玩耍，向身边的每一个人炫耀他们在成长中发生的奇迹。慢慢地，他们长大了。大一点儿的男孩总是把身上弄得很脏；动不动把牛仔裤弄破一个大洞；时不时踩到泥坑；有时他爬到树上下不来，而你正在做饭，却不得不停下来，把他从树上弄下来。他们每天都把家里的玻璃杯全部拿出来，到处乱放。显然，长大后的他们没有小时候那么可爱了，特别是他们开始脱离我们，探索自我和在这个世界上的位置时，他们就更没那么好玩了。

随着儿子年龄的增长，我们与他们相处的时间会变得越来越有限，所以在难得共处的时候，我们会本能地把自己认为重要的东西硬塞给他们。由于儿子长大了，我们与他们交流的时间变少了，因此总是一有时间就和他们讲大道理。我们不会再陪他们一起玩了（不管你是否相信，他们仍然渴望和你一起玩），而是和他们谈论他们的成绩、行为举止、事情的结果和比赛的分数,殊不知这才是巨大的错误。

这样做不仅不会拉近我们与儿子之间的距离,反而会把他们推得越来越远。当他们只想出去玩的时候,我们和他们谈论这些事情,会让他们在我们共处的时候产生焦虑。妈妈们,我们希望儿子能享受和我们在一起的时光,而不是后悔花时间坐下来和我们聊天。如果我们只关注儿子的学习、成绩和成果,他们会感觉自己像一种商品。虽然你能够掌控他们正在做的事情,但你不会再知道他们有什么样的感受。你会了解他们在最近的考试中取得的分数,但不知道他们内心的情绪如何。这样做会把他们从你身边推开,让你错失身为一个活跃的家长与处于青少年时期的儿子之间所能拥有的美好和快乐。

我们的孩子会认为我们不再关心他们了。他们觉得身为妈妈的我们只想谈论他们的未来如何发展,而不过问他们的个人生活。妈妈们,我理解你们。我非常理解。我也曾在公立学校任教 15 年,在家里教育孩子。我非常清楚儿子在每个成长阶段应该获得什么样的成就。我也陷入过同样的恶性循环:期待儿子能和我分享更多,但是当他们来找我分享时,我却因为要和他们谈更重要的事而阻断了他们分享的意愿。

我可以改变,你也可以。

给你的儿子留出他们想要拥有的时间吧。和他们一起玩电子游戏——真心实意地和他们玩。特雷弗一直想要一个 VR 头盔,所以他努力存钱,终于买到了一个。我不喜欢虚拟现实和电子游戏,甚至连电脑程序我都不喜欢(这确实有点讽刺,因为我有网站、播客、会员社区和辅导项目),但这些我的孩子都很喜欢。所以,只要特雷弗来找我,我每周都会抽出时间和他玩几次。我们在一起玩的时候,会谈论朋友、希望、恐惧和压力等各种事情。了解儿子的学习成绩固然重要，但了解他的生活和他的思想更为重要。

这种方法也有巨大的优势。当你想给儿子讲一些大道理时，你不用专门花时间去引导他，因为当你们享受在一起的时光时，你会获得更多和儿子共处的时间。在这些多出来的时间里，你可以和他谈论重要的事，因为你已经把大部分时间用来和儿子一起玩乐了。事实上，当你花时间做你儿子喜欢做的事情时，你表现出的无条件的爱和愉悦正是你儿子需要的，这些会为他的成年生活创造一个良好的开端。

共度美好的家庭时光

我们家所有人的生日都以相同的模式庆祝。无论谁过生日，全家人都会放假一天：不工作、不上学或不做家务。我们很幸运，6个人中只有爸爸在学校上课期间过生日，所以他每年只需要请一天假，有时他的生日正好赶在周末，就不必浪费宝贵的个人时间了，也不必费心找借口请假。我们家所有人的生日都从"肉桂卷甜甜圈蛋糕"和生日礼物开始。什么是肉桂卷甜甜圈蛋糕呢？其实就是个假装的猴面包。我会取三袋酪乳饼干，把每一块饼干切成四份，再把饼干放入装有肉桂和糖的封口袋里摇匀。然后我会在蛋糕盘上抹油，把裹上肉桂和糖的饼干放入盘中烘烤。"蛋糕"烤好以后，我会涂上用糖粉和牛奶制成的糖霜，就像肉桂卷上的糖霜那样。我第一次做这款蛋糕是在特雷弗两岁的时候。他把我做的蛋糕称为"肉桂卷甜甜圈蛋糕"，因为它看起来就像是把肉桂卷和甜甜圈混在一起烤出来的，而且味道也像肉桂卷。

这个名字就这样在我家传承了下来。

从那时起，做这款蛋糕成了有人过生日时全家人都会期待的家庭传统。我的孩子们不太喜欢大型聚会和朋友聚会，虽然我们也办过聚会，但孩子们不是特别喜欢。每次有人过生日，孩子们会兴奋地吃完传统家庭早餐，接着拆礼物，然后去做寿星想做的事。

这样的家庭传统为全家人创造了共同的经历以及建立情感联结的时间。当然，家庭传统并不需要如此盛大。你可以在任何事情的基础上创建你们的家庭传统，越简单越好。比如，全家人在每天晚餐时分享让自己最感动的事。还可以再简单一点，比如全家人一起做一顿饭，养一些宠物（比如像我们家一样，在后院放养十几只小鸡），或者一起去购物。这也是倾听孩子心声的绝佳机会。我们可以鼓励他们回答一些蠢蠢的问题，一起在客厅里跳舞，坐在星空下找星座，或是给彼此讲笑话。

随着儿子们渐渐长大，家庭聚餐和共处的时间会越来越难安排和管理，因此一定要做好计划。每周至少安排两个晚上和全家人一起吃饭吧。桌上不准打电话，也不准找借口离开桌子。与大孩子一起做计划，以示尊重，但要求他们一定要按时出现。点上蜡烛可以为晚餐增添一点温馨的气氛。有一年，我们订购了一些香薰蜂蜡蜡烛和陶瓷烛台，孩子们非常喜欢，每次聚餐时都会拿出来摆上。

如果你的儿子年纪还小，家庭传统也可以是睡前讲故事或朗读，一起分享兴趣爱好，以及每周花时间和每个孩子分别相处。不过，如果你有好几个孩子，安排和每个孩子一对一相处确实很有挑战性，但是能带来巨大的价值，非常值得尝试。我和丈夫约定，只要办得到，我们每次外出办事时都会带上一个孩子。我们对自己所做的努力一直感觉良好，但不确定是否有意义。直到后来，疫情突然暴发。起初，我丈夫会去杂货店买东西或跑腿，每次都是速去速回，孩子和我则待在家里。

时间久了之后，我们发现平时容易焦虑的孩子都陷入了焦虑，他们变得易怒且容易受挫。我们意识到他们和我们一样想念家人之间的情感联结。于是我们决定每天带一个孩子出去一趟，一开始我们会去免下车餐厅买饮料，或者给待在家的孩子买冰激凌。逐渐解封后，我们会带孩子出去办理那些比较安全和容易的事务。这足以证明即使是带孩子进城这样的小事也能带来难以置信的变化，给予孩子归属感和价值感。

与每个孩子单独相处不仅让我们有机会了解他们，也能帮助他们了解彼此。我们会讨论当某个兄弟姐妹遇到困难时应该如何应对。我们也会谈论某个孩子为正义挺身而出并支持自己的兄弟姐妹的经历。

最近，有人指责我儿子对一个朋友的兄弟姐妹说了一些非常刻薄和不礼貌的话。之后，这个事件不断升级。儿子坚持认为，虽然他当时的言辞和语气不太友善，但他没有说过那些话。我的小女儿是一个有特殊需求的孩子，她有学习障碍、理解障碍、感觉处理障碍和抑制型焦虑等问题。大部分时间她都处于紧张和害怕的情绪中。然而，当她看到哥哥受了委屈，却毅然站出来支持哥哥。对自己看到的不公，她敢于大声反对，讲述自己目睹的情况，而这与他人的指责相反。尽管对方仍然不相信她的哥哥，但她做了她认为正确和公正的事。

前几天，在和儿子一起出去玩时，我给他讲了妹妹那天的行为，强调了她对哥哥的忠诚。

我对他说，在目前的情况下，当时他究竟说了什么已经不重要了，因为双方都不愿意让步，而且都有自己的证人。他心里很清楚，无论自己是无辜还是有罪，他都必须接受一点：要么是他撒了谎，要么是他朋友撒了谎。但在这个事件中，他最大的收获是看到了妹妹对他的忠诚，妹妹能够克服自己的恐惧，为了哥哥挺身而出。与家人谈论其他成员做的事情有多棒，以及每个人在大家庭中的角色，有助于减少兄弟姐妹之间的竞争，同时拉近每个成员之间的距离。

谈到兄弟姐妹之间的竞争，市面上已有许多相关书籍，在此不做赘述。不过，我也想指出一点，即我们不应该彻底消除兄弟姐妹之间的竞争。竞争也有好处。哪怕是在一个充满爱心、能够彼此共情的家庭里，孩子们也需学会在与兄弟姐妹的争吵中解决问题。孩子虽然是大家庭中的一分子，但也可以安全地发展自己的个性并追求独立。

我建议你帮助每个孩子找到自己喜欢的事物，这会成为他们的闪光点。例如，我的每个孩子都很聪明，口齿伶俐，与小朋友们相处融洽，而且乐于助人。但他们每个人都有不同的专长。老大自学了音视频编辑，15岁就开始创业。老二是一位才华横溢的女演员，在多部社区戏剧作品中担任主演，包括在音乐剧《秘密花园》中饰演玛丽·伦罗克斯以及在话剧《绿山墙的安妮》中饰演安妮·雪莉。老三擅长与动物交流，会养鸡和安抚爬行动物，能够轻松地训练小狗。老幺是一名运动员，跑跳投掷轻松自如，好像在娘胎里就已经学会了。请鼓励孩子们发展自己的兴趣，让每个人都有机会在自己的银河系中成为一颗明星，别人也会因此为他们欢呼。

重点结论

1. 情感联结让我们认识到，无论生活多么艰难，我们都能渡过难关。

2. 如果你一味教导儿子远离陌生人，就会剥夺他们与他人建立联系并获得丰富生活的可能性。

3. 建立任何一种持久的情感联结都需要从共情开始。

4. 如果你习惯将他们的痛苦最小化，甚至因为他们的感受而贬低和羞辱他们，这就等于拒绝了他们主动向我们寻求支持的意愿。

5. 如果我们强迫儿子与他们真实的情感断开联系，就是否认儿子在建立人际关系和从挫折中恢复时需要的重要技能。

6. 帮助你的儿子建立并维持持久的友谊，是那种有意义、深刻、有情感联结而且真实的友谊。

7. 在家里为儿子创造一个空间，让他们能够自由、充分地表达自己的情感。

8. 对孩子来说，如果你能够认可他们的情绪、与他们共情并平静地做出反应，孩子就会在潜移默化中学会如何应对。你便能教会儿子们掌握在面对挑战时的宝贵应对机制：感受，修复，重试。

9. 如果你和儿子在一起时所做的事能给两个人带来快乐，你就能获得更多与儿子相处的时间。

10. 哪怕是在一个充满爱心、能够彼此共情的家庭里，孩子们也需学会在与兄弟姐妹的争吵中解决问题。孩子虽然是大家庭中的一分子，但也可以安全地发展自己的个性并追求独立。

第 八 章

融入社会：扩大关系圈

衡量一个社会是否伟大，
最准确的方法就是考察每个社会成员是否具有同情心。
——
科丽塔·斯科特·金

"妈妈！我需要你的帮助。卡洛斯卡在树上了，我们没办法把他弄下来。"特雷弗八九岁时，有一个朋友名叫卡洛斯，是我们的邻居。他的父母不允许他爬树。他的父亲在家工作，时常陷入焦虑，经常因为紧张在院子里走来走去。那天下午他要打电话，就让卡洛斯和特雷弗在我们家的院子里玩。我心想：这下好了，把谁卡住不行啊，偏偏是他。希望我能在他爸爸发现之前把他弄下来，不然他爸爸要是知道他又爬树了，以后肯定不让他过来玩。

我朝院子走去，心想卡洛斯可能是挂在树枝上下不来，或者从树干上往下爬的时候卡住了。我们在后院种了许多树，孩子们经常爬着玩。然而，看到他的那一刻，我简直不敢相信自己的眼睛。这种情形你可能只在书里看到过，就是那种让你直摇头的场景。怎么可能发生这种事，一定是作者太懒了，都不想写得真实一些，谁看了都不会相信。算了，不想那本书了……

然而，如此难以置信的事情却真的发生了。我需要想个办法。

卡洛斯的膝盖被牢牢地卡在一个V形树杈中（这种树生长到一定高度时，树干就会在某个位置分杈，从下面看是一棵树，而从上面看却像两棵独立的树）。好在他看起来并不痛苦，仿佛他只是在树杈上休息。特雷弗找我帮忙之前，已经把一个铁椅子拖到朋友跟前，让他把另一只脚放在椅子上，这样就能缓解他的膝盖吊在地面几英尺之上承受的压力。此时卡洛斯正平静地站在椅子上，玩着特雷弗的任天堂3DS游戏，而特雷弗则站在他身后，大声地指挥他怎么玩。

我吃惊地问："你们爬树的时候还带着任天堂？"

特雷弗看着我说："没有。卡洛斯被卡住时，我想把他弄下来。可是过了好一会儿，他的膝盖还是死死地卡在里面。看他一时半会儿下不来，我担心他会无聊，就给他搬来了椅子，然后把我的游戏机拿给他玩。"我的小男孩在寻求帮助之前，还不忘想办法让他的朋友感觉舒服一些。我真不知道那一刻我是该笑、该哭还是应该尖叫，心中五味杂陈。

我查看了卡洛斯的情况。他说膝盖不疼，虽然卡在那里了，但是不疼。我用力推了推他的膝盖，又往外拽了拽，还试着把V形树杈撬开一点，但都无济于事。其实，我推卡洛斯的膝盖时，他感觉到了疼痛，这也是他唯一一次感觉到疼的时候。没办法，我只能打电话求助。

首先，我给卡洛斯的父亲打了电话，向他保证他的儿子没事，只是卡在树上了。我不知道该如何在电话中向他描述"卡住"的情形，只能等他来，让他感受我刚才经历的一切。接着我又给消防局打了电话。我

第八章 融入社会：扩大关系圈

向他们解释了情况，告诉他们我以前从未见过这种情况，他们可能也没有。我敢肯定调度员听到我说这番话时一定翻了个白眼，对我说了一句"我们的消防员什么情况没见过"，然后就告诉我消防员已经出发了。

在等待消防员的时候，特雷弗拿了一些水果和零食与卡洛斯分享，而他的父亲查尔斯则焦急地在我们家后院里踱来踱去。我到房前去迎接消防车和医护人员，他们到达时，跟着车一起来的消防队长看到眼前的景象，忍不住哈哈大笑起来。他在自己的职业生涯中从未见过这样的情景，他也不知道该怎么办。卡洛斯被紧紧地卡在树杈中了。

消防队在讨论营救方法时，查尔斯的脸色却越来越苍白，他可是我见过的肤色最黑的人，因此对比十分鲜明。现在回忆起来，一想到消防队长提出方案时查尔斯的那张脸，我就忍不住想笑。当时队长提出了几个方案，比如锯断一根树枝、把树砍断，或在卡洛斯的膝盖周围锯开一些空间。查尔斯不停地向我道歉，好像我们失去这棵树就像失去一个孩子一样令人心碎。焦虑有时也挺有趣。

查尔斯焦虑地在院子里走来走去时，特雷弗总会朝他走去，拍拍他的胳膊或后背，以及其他自己够得着的身体部位，以示安慰。看着卡洛斯丝毫不受影响，专注地玩着电子游戏，我们知道他肯定没事。

最后，消防队决定使用一种他们称之为"救生颚"的装置。这是一种充气垫装置，可以将汽车慢慢抬起，从而救出困在下面的受害者。消防员把装置插入V形槽中卡洛斯膝盖上方的位置，然后把队长的头盔戴在卡洛斯的头上，以防折断或掉落的树枝砸伤他。队长扶着卡洛斯，另一名消防员扶着他那只被卡住的膝盖，然后开始给垫子充气。果然有效。气垫不断轻轻推压V形槽，创造出足够的空间，消防员赶紧把卡洛斯的膝盖抽出，然后小心地扶着他下了地。令人惊喜的是，他的膝盖上没有一点瘀伤，他也没有感觉到疼痛。只是由于卡了两个小时，牛仔裤的裤缝在膝盖上留下了轻微的压痕。

孩子在童年和青少年时期建立的友谊是会发生变化的。8年前我们搬离了那个街区，之后就再也没见过卡洛斯或查尔斯。孩子们需要与许多朋友、亲戚和社会群体建立关系，这样的话，即使一些朋友因搬家、转校、误解或兴趣改变而发生变化时，他们仍有其他朋友。他们总会有与不同的朋友一起跑步、同甘共苦的记忆，但是随着时间的推移，事情会发生变化。

孩子与同伴之间的友谊发生变化时，与亲属的关系能够起到很好的缓冲作用。堂表亲尤其能成为孩子们生活中的重要支柱。如果你的儿子在学校或者在家里学习时与朋友产生了矛盾，他们通常不愿意向父母吐露心声，而更愿意向年长一些的堂表亲敞开心扉。堂表亲也能有效地激励孩子。

出版本书时，我的大儿子已有17岁。去年我们搬了家，现在住的地方离我丈夫兄弟的家很近，只有15分钟的路程。特雷弗有一个18岁的堂哥，搬家后他们有了更多在一起的时间。他们一直喜欢彼此的陪伴，但以前我们两家相距45分钟的路程，而他的堂哥利亚姆在学校参加了许多体育项目，特雷弗又忙着参加我们组织的各项活动，两个人的时间很难安排在一起。

近一年半以来，我一直催特雷弗考个驾照，他却说根本不需要，因为他想去哪儿我都可以送他。但是想和堂哥利亚姆一起玩时，他只能等着堂哥来接他。为了有更多和堂哥在一起的时间，他决定拿到驾照，还

第八章　融入社会：扩大关系圈

要攒钱买一辆二手车。通过扩大社会关系的范围，我们的儿子就有机会获得其他正面的激励。

想想办法，让你的儿子身处能够对他们产生正面影响的邻居和亲戚的周围。可能你隔壁邻居家的儿子是乐队队员，并且在市里的课外活动项目中志愿教音乐，这样的邻居可以激励你的儿子以独特的方式发挥自己的才能。你可以鼓励儿子向邻居学习，以他为榜样，同时也为邻居家年长的孩子提供了一个激励年轻人的宝贵机会。对你的儿子来说，这是在帮助他们扩大社会关系圈，同时也让他们看到了勤奋的榜样。

我们还可以让儿子与年长的邻居、叔叔阿姨或爷爷奶奶建立良好的关系，让他们感觉自己参与到了更大的集体当中。在过去，世世代代的家庭成员共同成长，一起经营家族企业或农场。男孩们会与祖父、叔叔和堂兄弟一起工作。他们不断长大，逐渐成熟，承担的责任越来越多，也会学习最适合自己的业务。成年后，大多数男孩都会接管家族企业，这深化了他们与家族之间的联系。

而我们的儿子很少有机会感受这种大家族的活力，也没有现成的家族生意可以参与，我们无法为他们复制这种体验。但我们可以为了孩子的利益，努力加强家庭成员之间的联系。无论我们家族的规模是大还是小，我们都应该鼓励儿子以合理的方式与亲友建立联系。我们可以组织家庭聚餐，邀请伯母参加，或者想办法邀请住得比较远的祖父母参加。家庭关系越健康，儿子们就越强大，他们会更有安全感，更容易在艰难的时期走出困境。

去往更广阔的世界

随着儿子们逐渐成长，他们需要走出家庭，建立更丰富的社会关系。在前文提到的播客采访中，布莱克·博尔斯建议青少年参加夏令营和青少年旅行计划，在更广阔的世界中建立新的社会关系。夏令营和青少年旅行计划相对安全，孩子们可以测试自己的自主交际能力；此外，大多数夏令营和旅行计划都有特定的主题，孩子们可以通过共同的兴趣建立新关系。他们还可以通过加入体育队、俱乐部、青年团、表演团或乐队等方式扩大自己的社会关系。观察你周围的环境，找一找是否有你儿子可能感兴趣的事情。

在俄亥俄州的东北部地区，我们通过凯斯西储大学发现了一个名为"环境英雄"的项目。这个项目为那些对科学和环境感兴趣的青少年提供了一个良好的机会，他们可以学习和研究本地水域中的爬行动物和两栖动物的分布，进而参与公众科学。特雷弗在高一时参加了这个项目，结交了许多好朋友，收获了独特的体验。这个项目中我最喜欢的地方是它由青少年自己管理。负责项目的成年主持人会邀请嘉宾、演讲者和科学家，并教授青少年使用设备，但在大多数情况下，宣传工作都由青少年自己负责。

通过参加这样的项目和夏令营或其他集体活动，我们的儿子们能够意识到他们在家庭之外的社会中也拥有一席之地。有了这样的社会关系，他们就会懂得他们在这个自己积极参与并努力付出的社群中是有价值的，而且也是安全的。当我们帮助儿子找到能够激发他们热情和兴趣的社群，而这些社群也提倡与我们的家庭相似的价值观时，我们就能进一步巩固自己与儿子的关系。他们会了解，除了父母，社会上还有许多诚实、正直、忠诚和负责任的人。

此外，不要轻视大自然的力量。理查德·洛夫在《林间最后的小孩：拯救自然缺失症儿童》（*Last Child in the woods: Savin Our Children from Nature Deficit Disorder*）一书中写道："在室内（或汽车后座）度过的童年确实降低了某些风险，但同时也增加了其他风险，如不利于身体和心理健康的风险、孩子缺乏对社会的认知的风险、自信心不足以及不具备辨别真实危险的能力的风险。"如果我们积极亲近自然，我们的韧性就会随之增强。然而今天，我们的儿子都太忙了，没有时间亲近大自然，因而找不到归属感。他们需要时间去独立探索大自然。

那么，我为什么要在一本关于培养韧性的书中讨论亲近自然的重要性呢？洛夫说："孩子的双手沾上泥土，就能将激情从大地中唤醒；激情沿着沾满青草的袖子一直流淌到孩子的内心。如果我们要拯救环保主义和环境，就必须拯救一个濒危的指示性物种：大自然中的孩子。"男孩们需要明白，他们不仅仅是人类，更是大自然的一部分。大自然能够让他们产生归属感，他们会因此将自己视为地球未来的管家。而且，我们的儿子在观察大自然的过程中会看到无数有关韧性的例子，比如四季更替、生老病死、万物重生，周而复始，如此往复。毋庸置疑，大自然是一位出色的老师。

拥有有意义的社会关系

帮助儿子在家庭之外建立社会关系，提升他们的韧性和情商时，我们需要谨慎行事。这里的"谨慎"不是指成为"直升机父母"。我们当然不应该溺爱孩子，但是作为父母，我们有保护孩子的自然本能，同时又担心他们会产生不适或是被过度保护，因此我们需要学会平衡两者之间的关系。

几年前，我们一家加入了一个教育学习小组，该小组每周组织一次实地考察旅行。在当时，这个安排对我来说十分理想，因为我有四个孩子，分别为12岁、7岁、5岁和2岁。那时共学班中的常规课程不太适合我们，因为最小的两个孩子总是乱跑，我需要不停地把他们抓回来上课，根本没法专心工作。这个学习小组组织的活动是自愿参加的，组织者每次都会提前一个月把考察的目的和相关费用通过电子邮件发给我们，我们可以提前做好计划，参加我们感兴趣的活动。

特雷弗12岁时，与同龄孩子明显不同步。他聪明伶俐、能说会道（那时候如此，现在也是），但他的身体力量、学术能力、神经系统、社交能力与情感力量的发展水平存在很大差异，这也是他的天赋。也就是说，他才12岁，和成年人聊天时却像和同事对话一样，他会与他们讨论时事或其他需要深入批判性思考的话题，但他也经常因为把杂草踢得到处都是或推搡其他孩子而受到训斥，如果有孩子挡了他的路，他会直接把别人推开（像6岁孩子的行为），而不是叫别人让一让。他的语言思维相对成熟，行为却像个小孩子。虽然根据他本人的特点和情况，这些表现都是完全正常的，但对大多数孩子来说这不太正常，所以他在每周的聚会和实地考察中总会惹出一些麻烦。

特雷弗和他的兄弟姐妹们都喜欢戏剧，于是他发明了一种名为"戏剧性死亡"的游戏。孩子们每天都会在家玩这个游戏，当两岁的儿子艾萨克假装"窒息死亡"时，因为过于逼真，我的心跳都快停了。然后他们会一个个爬起来，给彼此的表演打分，然后又尝试假装以新的方式死亡。由于这个游戏很受欢迎，邻居家的孩子也会跑来和他们一起玩。每到放学之后或者周末，他们就拿出家里的一桶泡沫宝剑、玩具枪和武术训练装备，在我家后院上演史诗般的战斗，表演各种戏剧性死亡。他们会借我的手机互相录像，然后仔细研究，给彼此的表演打分。这个游戏很安全，不会造成伤害，还能发挥孩子们的想象力。这也符合彼得·格雷博士在网上发表的文章中对"游戏"的定义，即游戏是：（1）自主选择和自我主导的；（2）以方法而非结果为动机；（3）以自定规则为指导；（4）需要强大的想象力；（5）在精力集中、积极主动但相对无压力的心态下进行的活动。他强调，孩子们需要这样游戏，以提升情商、自信和解决问题的能力。

我的孩子们利用实地考察旅行中的一次聚会，在游乐场把这个游戏教给了其他孩子们。大家顿时喧闹起来，一边选边站队，一边捡起一些小棍棒当宝剑，挥舞着示威。他们模仿了一些历史战争场面，又创造了新的情节。我没有太过操心，因为我知道他们都很安全，彼此相识，而且都会小心行事，不会真的伤害对方。他们自由自在地和不同年龄段的孩子一起玩耍，充满了乐趣。对我而言，这正是我对群体活动的期待：孩子能结识其他伙伴，他们热爱充满活力且富有想象力的游戏，还有机会与不同年龄段的孩子接触，彼此相处融洽且能相互照顾。

但事实证明，像我这么想的人只是少数。自从学会了这个游戏，孩子们便一发不可收，不仅在游乐场里玩，摘完苹果后在苹果园里玩，还轮流在几个小朋友家的后院里玩。几个星期后的一天晚上，小组的组织者给我打了一个电话。她说，许多母亲都不喜欢这类对战游戏，甚至感到不舒服，因为他们的孩子们表演的死亡越来越逼真，让他们感到不安。我对她说，我明白了，我会要求特雷弗（他也是小组中年龄最大的孩子）在聚会时停止玩这个游戏。孩子们听了显然有些失望，但还是同意了。

然而问题是，其他孩子很喜欢这种充满想象力和活力的游戏，在聚会时都恳求特雷弗带他们一起玩。他会拒绝，可是孩子们不断纠缠，每次有孩子装死或打斗时，他总是被指责，于是他向我求助。他是一个12岁的孩子，当他的身边有一群孩子时，他们只想自由自在地玩几个小时，可现在的情况让他产生了很大的压力。因为不能玩这个游戏，其他孩子也不开心，只能极不情愿地去荡秋千或玩捉迷藏。我也感到很为难，因为很明显，我和小组中其他妈妈的育儿方式截然不同，几乎不可调和。

诚然，孩子应该是我们生活的中心，但我们也需要注意，孩子不是我们生活唯一的中心。对于家有幼儿、学龄前儿童和在家里学习的孩子的父母（当然还有其他情况，只不过这些家庭是育儿小组的主体，他们的孩子很少与其他孩子接触，而家长也很少与其他成年人接触）来说，育儿小组主要有两个重要作用：第一，让孩子们有机会和其他孩子接触，在同龄群体中自由玩耍，我在第四章中也谈到了这一点；第二，让母亲们有机会在孩子们玩耍时与其他母亲交谈，交流育儿经验和见解，或单纯谈论成人之间的话题。

给孩子们施压，不让他们玩喜欢的游戏，确实让他们停下来了，但这种做法也让我12岁的孩子受到了质疑，好像他是一个什么奇怪活动的始作俑者，对这群妈妈们构成了轻微的威胁。于是我们不再参加任何自由开放的聚会，只参加更正式的实地考察和有组织的活动。我们之后又结识了一些参加小组聚会的孩子，他们说现在的聚会又回到了以前的样子，活动更加温和，只让孩子们在游乐场玩耍和吃零食。这样的活动的确风险更小，自然更加安全。

第八章　融入社会：扩大关系圈

如果儿子发现妈妈不仅视他们为整个世界的中心，还会关注他们说什么、做什么或怎么玩，做事必须遵循妈妈规定的方式和脚本，他们一定会因为巨大的压力而逐渐崩溃。他们会认为自己必须事事做到完美，时常担心让父母失望而过度焦虑。他们会避免冒险或尝试新事物。禁止孩子们玩"戏剧性死亡"游戏之后，有一段时间我们还会继续参加这种游戏聚会，但我发现特雷弗连滑梯都不敢玩了，因为害怕哪里做得不对又被责骂。他只和同龄的男孩玩，因为这是小组对他的要求，但实际上他和比他大或者比他小的孩子相处得更好。显然，他承受了很大的压力。

害怕让父母或照顾自己的人失望，这样的压力会成为儿子成功之路上的绊脚石，因为他们会很难养成坚韧的性格，很难抓住应得的机会去克服挑战。任何挑战对他们而言都不值得。

作为母亲，我们需要为孩子创造体验社会关系的机会并保证他们的安全，但也需要退后一步，给孩子一些自由，让他们与其他成年人建立关系，家长就不至于累得筋疲力尽或过度保护孩子。如果我们能够以身作则，与配偶、朋友、同事、邻居或亲戚建立深厚的感情，我们就在建立有意义的情感联结和社会关系方面为儿子树立了良好的榜样。

妈妈们，就像我鼓励你与儿子建立情感联结和牢固的关系，我也强烈鼓励你照顾好自己，维系好自己的人际关系。珍爱你的孩子。享受你的成就。维护你的人际关系。保持你的爱好。如果这一切都没有用，至少你能持续恢复精力，那么在艰难的时刻以及孩子"离开巢穴"独立生活、追逐成功的时候，你才能快速走出困境并适应生活。

不变的关爱和适时的放手

让我们站在从过去到未来的角度思考这个问题。儿子们还小的时候，我们会与他们依偎、拥抱他们、对他们柔声细语、帮他们背书包、和他们建立情感联结；我们会充满爱意地数他们细小的手指和脚趾；我们会轻轻摇着小宝宝，哄他们入睡，亲吻他们微微出汗的小卷发，用指尖轻抚他们长长的睫毛。可是，随着儿子逐渐长大，经历了一个又一个成长的里程碑，我们却好像逐渐失去了努力建立起来的情感联结。

然而，我们的儿子们需要向我们展示他们已经长大了、成熟了，能够应对成长过程中的每一个新的挑战，因为当我们该放手时——如孩子上大学、搬进新公寓、结婚、进入商学院学习等——我们需要知道他们已经准备好了。在男孩的整个童年中，他们对我们的依赖会越来越少。想一想吧，你第一次带孩子去动物园时，他还坐在婴儿车里呢，而现在他已经开始走路了。他不再需要你背着他了。为了让他看到最喜欢的老虎，你高高地举起他，这样温暖的感觉也随着他的成长一去不返。现在即使你在他身边，他也不会让你抱，而是自己爬到一块大石头上，抓着围栏观察动物。看完了，他会从岩石上下来，跑去看另一个展览，而你只能跟着他跑。这种情形会一直持续，直到他们成年。最终他们会告诉我们，他们不再需要我们的照顾了。

随着儿子不断走向独立，他们也不再需要我们的保护。在他们迈入青春期及更久远的未来后，他们必须打破与父母之间的情感联结，以应对成长过程中面临的压力。虽然这让儿子们感到很兴奋，他们也期待着迈向独立自主，但实际上他们心里还是很害怕。他们可能不会表达出

第八章 融入社会：扩大关系圈

来，但他们会害怕失败，害怕失去我们，害怕重新结交朋友。有时他们甚至无法想象成年人的生活，害怕自己永远无法独立。

你有没有发现，在即将迎接新的挑战或里程碑之前，你的儿子会有情绪低落、易怒甚至退步的表现？他们可能会在我们认为他们最需要我们的时候把我们推开。他们确实非常需要我们。在通常情况下，我们的儿子把我们推开是因为这么做比向我们求助更容易。想一想你那十几岁的儿子，如果他这样说："妈妈，别管我。我又不是小孩子，我不需要你给我安排。"或者这样说："妈妈，谢谢你。我有自由职业，又有课堂作业，还要用我的新 VR 头盔和朋友在网上玩游戏，我真的不知道如何安排时间。我很想找你或爸爸聊一聊，想了解一下你们是如何同时处理这么多工作的。"前者是不是比后者更容易？在成长过程中，在孩子努力寻找自我时，把父母推开显然比承认自己感到茫然失措要容易得多。

多年前我读过一篇文章，文中将养育男孩与养育一只狮子的幼崽类比。该文章指出，男孩们冲动、狂野，喜欢探索和突破边界，而且随着他们不断成长，他们会更加肆意地打破边界。此时的他们对保护他们的人也最具攻击性。他们本能地知道，在他们真正需要的时候，他们仍然会得到我们的关爱和保护，所以他们会不断地试探自己拥有多大的自主权。最终，为了发现并创造自己的荣耀，为了创建自己的家庭，他们必须逐步抛开爱他们的人。我喜欢这个类比，它时刻提醒着我：该关爱时关爱，该放手时放手，该安慰时安慰，在如何建立自己的家庭方面为儿子树立榜样。

我们的儿子之所以会向我们发出挑战，是因为我们总是告诉他们（和我们自己），我们需要对他们全权负责，而他们需要放松我们与他们之间的这种情感联结。他们的挑战伤害了我们，也激怒了我们。然而，这一切都是正常的、可预测的，甚至是必要的。如果我们理解了这一发展过程，就会抱以同情心和同理心，而不会为了重获控制权而反击他们。每当我们试图收紧控制儿子的缰绳时，他们都会感觉不公，并在心中播下怨恨的种子。相反，你可以尝试给儿子设定适当的规则和边界，让儿子在获得独立的同时，仍然能够尊重你和你作为父母的需求。让孩子明白，只要他有足够的责任感，你就会退后并松动界限。

　　对于妈妈们来说，既要确保儿子在独立过程中是安全的，又要与他们保持距离，想在这两者之间达到平衡确实很难。我们需要知道这是（也应该是）一个循序渐进的过程，孩子的任务就是实现自我认同，尤其在青春期阶段。可是，我们总是把和儿子之间的情感联结系得太紧，喜欢为孩子解决各种问题，难以抵抗控制他的诱惑。

　　还是在几年前的那篇文章中，作者听到有的父母告诉他，虽然他们的儿子正处于青少年时期，但他们一点儿也不担心孩子的生活，因为他们的儿子会和他们分享生活中的一切，他们和孩子是最好的朋友。每次听到这样的话，作者都会陷入沉思。他说，青少年应该努力成为独立的个体，与父母保持一定的距离，这一点至关重要。他们应该在父母的价值观和信念的基础之上学会批判性思考，最终形成自己的价值观。他解释说，男孩在经历这一自然过程时，会将父母视为坚定的后盾，视他们为衡量他人的标准，在需要支持或安全的时候也会回到父母身边。

　　他说，真正的危险是，父母过于焦虑，一心想成为儿子的朋友，不惜为了儿子在穿着上"扮酷"，和儿子一起喝酒，与儿子无话不谈，这样反而会将儿子推向不良行为的悬崖，因为他们会更努力地与父母保持距离。我们的儿子需要我们爱护他们、与他们建立情感联结，需要我们表现得亲切、友好，甚至有趣，但他们不需要我们做他们的好朋友。我喜欢和儿子聊天，和他一起看节目，一起眼馋那些新科技设备，一起出去玩；但他也知道，当他和朋友在一起时，我希望他能给家人报平安，善待并支持自己的家人。

重点结论

1. 当你的儿子积极地亲近大自然时，他们的韧性会因此增强。在观察大自然的过程中，他们会看到无数有关韧性的例子，比如四季更替、生老病死、万物重生，周而复始，如此往复。

2. 害怕让父母或照顾自己的人失望，这样的压力会成为儿子成功之路上的绊脚石，因为他们会很难养成坚韧的性格，很难抓住应得的机会去克服挑战。任何挑战对他们而言都不值得。

3. 在你与儿子建立情感联结和牢固的关系时，也要照顾好自己，维系好自己的人际关系。

4. 你的儿子可能不会表达出来，但他们会害怕失败，害怕失去我们，害怕重新结交朋友。有时他们甚至无法想象成年人的生活，害怕自己永远无法独立。

5. 请谨记：该关爱时关爱，该放手时放手，该安慰时安慰，在建立自己的家庭方面为儿子树立榜样。

6. 你的儿子需要你爱护他们、与他们建立情感联结，需要你表现得亲切、友好，甚至有趣，但他们不需要你做他们的好朋友。

第九章

培养坚强的性格

> 孩子在成长过程中遇到的挫折……
> 或享有的有益于自身发展的自由，都将影响其性格的塑造。
> ——
> 玛利亚·蒙台梭利

在特雷弗 7 岁时，他有一天晚上哭着来到我身边。哭了好一会儿之后，他才开始告诉我事情的原委。他说，有一件不好的事情困扰了他几个星期，以至于他难受得肚子疼，所以需要和我说说这件事。我一听，脑海中顿时浮现出最糟糕的情形，内心忐忑不安。原来是有人让他保守一个秘密，这让他感到左右为难。

我们计划去加利福尼亚玩几个星期，其中一个目的地是乐高主题公园，于是特雷弗决定用这几个月攒下来的钱购买一套乐高玩具，这样每次看到或玩这个玩具的时候他都能想起这次旅行。但是，他同时看上了

第九章 培养坚强的性格

两套玩具，当时他心里有一点难过，心想为什么我们不能把两套都买下来。而我和丈夫认为应该让孩子们树立健康的金钱观，学会珍惜财物，这一点很重要，所以我们让他选了一个，并用他自己挣的钱购买，他也的确这样做了。

就在我们去加利福尼亚旅行的前夕，他的外祖母对他说，让他自己买一套玩具，而她会给他买另一套。她还说，她会把玩具放在自己的地下室里，他来的时候就可以玩了，几个月后，她会让他把玩具带回家，放入他的乐高收藏中。到那时他就有很多套乐高玩具了，我们也不会察觉。他同意了外祖母的意见，而且非常激动，毕竟哪个小男孩不想要更多的乐高玩具呢？可是，他知道我们只能让他选一个，而且要用自己赚的钱购买，所以他不得不对我们撒谎，这让他坐立不安。

他说完就趴在我怀里哭了起来，不过他也承认，和我说完这件事以后他感觉好多了。他说，他很难过。一方面，我母亲明知我们给儿子设立了关于获得物质的规矩，却让我儿子打破规矩对我们撒谎，他知道我一定会和我母亲对质；另一方面，他也知道，在告诉我以后，他就只能得到一套乐高玩具了。

究竟什么样的性格比较好，每个家庭都有不同的参考标准。有时，如特雷弗这件事所示，同一个大家族中的参考标准可能会有所不同。有的家庭可能会把诚实和正直看得比谦逊和尊重更重要，而有的家庭会把独特的个性排在慷慨豁达之前。但无论如何，大多数家庭都不希望孩子养成恶毒、不诚实、偏执、冷漠或自私的性格特质。大多数人都希望自己的儿子长大后成为有道德、有责任心、善良且诚实的人。我无权告诉你在养育孩子时你应该重点培养哪些性格特质，不过我想说，在培养儿子的性格方面，我们需要积极主动。

我们的儿子不断听到人们告诉他们应该成为什么样的人、应该看上去如何以及应该如何表现。他们被各种信息轰炸，即使最优秀的孩子也会感到困惑。性格是在获得反馈和指导的基础上养成的。特雷弗知道，他在买另一套乐高玩具这件事上撒谎是错误的，即使他什么都不说，只期待我们不会发现，这样做也不对。他的内心告诉他应该找我们说明真相。

妈妈们，我们要确保孩子身边的人能够帮助孩子强化我们重视的性格特征，达到我们为孩子设定的道德标准。在培养孩子的性格这件事上，我们不能听天由命。的确，我仍然主张给他们自由，让他们发掘自己的潜力，鼓励他们与不同年龄段的孩子自由游戏，但在性格发展方面，我们不能掉以轻心。毫无疑问，我母亲认为她是在帮孙子得到他想要的东西，她只是有点溺爱他而已。作为妈妈，如果我在培养特雷弗的性格方面不够积极，没有和他建立信任关系，没有明确告诉他我对他的期望，那么他可能会认为，与其让我知道事情的真相，剥夺他的快乐，不如对我撒谎，得到他想要的玩具。不过，最终特雷弗良好的品性占了上风。自那以后的十年里，我们经常会讨论一些重要的事情，比如即使是我们最亲近的人，也可能拥有与我们不同的价值观；比如对于任何看似不合情理的事，我们都应根据自己的道德观和价值观做出评估，然后再决定是否赞同。

第九章 培养坚强的性格

传授正确的价值

在培养孩子的品格时，我们会遇到重重障碍。在我们整个社会崇尚的价值观里，有许多似乎与诚信的理念相扞格，但我们必须克服这些影响，因为拥有坚强的性格才能提升自信，有了自信才能培养韧性和情感意识，而这正是我们对儿子的期望。我们的整个文化都在推崇个人成功，但我们都不希望我们的儿子以不诚实的方式获得表面上的成功。我们希望他们努力工作，希望他们善良、有同理心、有同情心，懂得与他人合作。我们希望他们懂得如果不认真对待比赛，即使获胜也毫无意义。事实上，对待比赛的态度定义了我们的人品，彰显了我们的品格。

那我们该怎么做呢？只告诉儿子如何去做、应该重视什么以及如何关爱他人是远远不够的。只告诉他们"善待你的妹妹"，"看到邻居在院子里干活时去帮帮忙"或"诚实是我们最重要的价值"也远远不够。我们必须通过教导、鼓励和及时纠正，让儿子了解我们珍视的价值。我们必须在与人（任何人）交往的过程中体现我们的价值观，从而向儿子展现这些价值观。我们还可以通过一些简单实用的方法在日常生活中向孩子教授这些价值观。

我们应时常关注善行。如果我们的儿子表现良好或完成了一项任务，我们要记得表扬他们；而当你看到他们表现出善良、慷慨和体贴的特质时，这时的赞美更为重要。记得告诉他们你欣赏他们的做法，他们的善行你都看在眼里。我们还可以和他们谈论我们在世界上看到的善行。我们打电话时或与朋友交谈时，很容易陷入负面情绪，谈论我们的社会面临的各种问题。然而，需要注意的是，当我们谈论这些问题时，我们的儿子就在一旁观察和倾听。如果我们只谈论邻里之间或者我们国家发生的坏事，他们就会对成年人的世界产生扭曲的认识。如果你和朋友说起另一个共同的朋友如何照顾她年迈的母亲，或谈论在动荡之年、危机四伏之时，当地教会如何敞开大门为民众提供食物，以及爸爸以前每个周末都去帮爷爷给奶奶梳头的故事时，设法让你的儿子听到这些对话。尽量在你的儿子面前谈论平民英雄，而少谈那些丑闻和阴谋。

我们应善待他人。请时刻记住，你的一举一动都被儿子看在眼里。无论你去哪里，他们都在观察你。当你和他人交谈时态度要友好，无论对象是自动驾驶窗口的收银员、图书管理员、你的老板还是孩子朋友的母亲。他们会观察你与其他成年人互动的方式。

我有一个已成年的堂哥，但他是个酒鬼。我记得小时候在一次家庭聚会上，我的姑姑叔叔们和堂哥的父母围坐在一起寒暄，但看上去不太自在，直到有人端上了啤酒和葡萄酒，他们才开始放松。成年人一旦开始喝酒，就会玩纸牌和各种游戏并互相取乐。我不禁在想，我的堂哥从小在这样的环境中成长，难怪长大后会酗酒，最后还吸毒（当然有其他原因）。作为成年人，我们为人处世的方式孩子们都看在眼里，会在潜移默化中受到影响。

我们应教育儿子为自己的行为和选择负责。有韧性而且情商高的男孩都会认可自己的成功，也承认自己的失败。他们会为自己的行为负责，并为这份责任努力提升自己。当他们陷入困境时，请向他们传达这样的信息：无论发生什么事，你都会爱他们，如果他们能为自己的行为负责，你会为他们感到骄傲。如果你的儿子学会了为自己的选择承担责任，他们就会懂得因果之道，了解自己无权拥有没有为之付出过努力的东西。

我们应教育儿子谨慎看待媒体。不过，不要直接对他们说："把那可恶的音乐关掉，唱的都是垃圾。"这样只会把他们推得更远。不如试着这样说："你认真听过他唱的歌吗？你听出这些歌词是对女性的侮辱吗？你要不要听一听来自优秀乐队的歌手，他们的音乐更加积极向上，振奋人心。"找时间坐下来和他们一起观看表演，和他们谈谈你看到的内容。常带他们去看电影。电影和电视节目中的角色有时能给你们带来谈论品格的绝佳机会。

尊重差异，心怀包容

你的儿子肯定知道，一次小小的贡献，一个小小的行动，就能让世界变得更美好。我们可以通过身边的小事为他们树立榜样，比如捡起公园里的垃圾，帮助推着婴儿车的妈妈开一下门，或是帮老奶奶把包拿到车上。我们也可以花一点时间和孩子谈谈世界上的不公。每周或每月选择一个慈善项目，使之成为你们的家庭文化。做多少善事不重要，采取行动才重要，让你的儿子参与到日积月累的善行之中，你会培养出一名在未来懂得奉献的人。让儿子知道奉献不仅仅是为了让自己感觉良好，更是因为帮助他人是正确之举。

我们应尊重差异。我们是一个多元化的国家，这也是我们国家的优势之一。与同民族、同种族、相同政治信仰、相同宗教信仰或相同社会经济地位的群体接触时，我们会有一种亲切感，我们也希望儿子在遇到与他们价值观相同的人时能感受到这种亲切感。然而，这种与自己相似的人建立联系的自然欲望不应该成为儿子不懂包容的借口。重要的是不要让孩子形成任何偏见，也不要给他们灌输那些与我们不属于同一群体的人就是外人的思想。尊重差异，就要尊重不同群体拥有不同价值观这一事实。我们应心怀包容，与不同群体的人交流，向他们虚心学习。

偏见并非总是出于故意、恶意，有时是无意识的。偏见源于信息的局限性，而且形式多样，但都会产生负面后果。至少，偏见让我们无法了解真实的彼此。最近，我和儿子在讨论种族主义，我们过去也谈过这个问题，以后还会继续。当我问我的小儿子他怎么理解这个词时，他说："种族主义者仅仅因为一个人的皮肤是黑色或棕色就不喜欢他。我感到很难过，因为卡洛斯、卡森、尼克和布里安娜都是棕色皮肤，但他们都是我的朋友。种族主义者不会喜欢他们，可是他们那么好，人们怎么可能不喜欢他们呢。"

我们生活在一个多元化的国家，而整个世界之间的联系也日益紧密。我们的儿子需要在没有偏见的环境中生活，这样他们才能在互联的世界里茁壮成长。偏见在表面上看起来非常微妙，就算年龄最小的孩子也会受到种族主义的影响。孩子们就像一块块海绵，吸收着身边每个人的思想和态度。我们不能忽视媒体、书籍、朋友、音乐和其他家庭成员等外部影响。给孩子寻找含有多元元素的儿童读物，带孩子观看由不同种族和民族的演员出演的电影，陪孩子聆听来自不同文化的音乐。等孩子到了一定年龄，帮助他们识别媒体中存在的偏见。你可以问：这里的男主角和女主角是谁？哪个角色又聪明又能干？哪个角色笨手笨脚，总爱犯错？谁是坏人？谁是罪犯？谁来解决问题？谁在前面领导？谁跟在后面？

第九章 培养坚强的性格

有时媒体对少数群体的描绘既不真实也不讨喜，这一点不容忽视。我们的儿子不会辜负我们对他们的期望。如果你是黑人、拉丁裔、亚裔、原住民或其他少数民族，在教育儿子时，请指出这些扭曲的信息。请充满自豪地向他介绍你们的文化遗产、文化背景、祖先的经历和民族故事。如果你是白人，教育儿子时，请指出这些信息中的不公平和不诚实之处。给孩子们讲一讲，为什么媒体上很少出现少数民族，即使出现，他们又是如何被冠上刻板印象。不要只告诉你的儿子这些信息和刻板印象是不真实的，还应通过分享不同群体正面的故事和形象，让他们认识到这些信息的不真实。与多元文化有关的书籍、音乐、玩具、文物和博物馆都可以帮助孩子了解和感受各个民族的历史和文化。

如果要谈论如何塑造孩子的性格，如何与儿子交流，恐怕需要整本书的篇幅，我承认本章节的探讨只是沧海一粟。但我必须强调包容的重要性，以及不断与儿子交流并与他共同学习的重要性。

如果我们让儿子培养出强大的性格特质，他们就会拥有一套核心价值观，遇到困难也能迎刃而解。他们会变得坚强，即使在最困难的时候也坚韧不拔。把孩子培养成有品格的人，他们就会创建一个人人正直、诚实且公平对待彼此的社会。

延迟满足和自我控制

诚实、正直、公正的男孩不仅品格优秀，往往也拥有很强的自控力。你听说过1972年斯坦福的棉花糖实验吗？这是一个研究延迟满足的实验。我们先重温一下这项研究。在20世纪60年代，斯坦福大学的教授沃尔特·米歇尔开展了一项心理实验，让数百名四到五岁的儿童参与测试。实验很简单。研究人员把一个孩子带进一个房间，然后在孩子面前放一个棉花糖。随后研究人员说，他需要离开房间，如果他回来时棉花糖还在，他会再奖励孩子一个棉花糖。如果孩子把棉花糖吃掉了，就没有额外的奖励了。也就是说，立刻吃掉就只有一个棉花糖，晚一点吃能得到两个。

这项研究之所以出名，并不是因为孩子们努力抵制诱惑的镜头多么有趣，而是多年后从中获得的信息。研究人员跟踪调查了这些孩子，测试了他们在成长过程中取得的多方面进步。结果很明显：那些得到第二个棉花糖、愿意感受延迟满足的孩子的测试分数更高，药物滥用和肥胖水平更低，社交能力更强，也能更好地应对压力。研究人员对这些孩子做了40年跟踪调查，一次又一次地证明了接受延迟满足的群体会不断在人生旅程中取得成功。

坚韧的成年人愿意接受延迟满足。他们会搁置购买零食的欲望，这样他们就能吃得更健康。他们会推迟看电视的计划，这样就能及时完成工作。许多让我们在当下感觉美好的事情，都会阻碍我们取得成功。

让孩子接受延迟满足并非易事。通常情况下，他们想要什么就要立即得到，不过我们可以帮助他们学习这项技能。妈妈们，如果我们想让儿子养成坚韧的性格，就要帮助他们学会延迟满足，这也是让儿子学会自我控制的基石。不过，请记住，培养这项技能可能需要数年的学习和磨炼。如果你期望儿子时刻都能控制自己的冲动，最后只会将他引向失败。因为那根本不可能做到。

我的大儿子做了几个月的自由职业后，把挣到的每一分钱都存了下

第九章 培养坚强的性格

来，给自己买了我之前提过的 VR 头盔。除了我，家里的每个人都和他一起玩过。当时，这本书我才着手写了几个星期，又正值疫情暴发，写起来比我想象得更难。我告诉他，虽然我特别想和他玩，但我必须在写完这本书并寄给编辑后才能陪他一起玩。他仍然不停地哄我、求我陪他玩，最终还是失望地离开了。事实上，我很想离开电脑和他一起玩，但是我还是坚定地拒绝了。我已经答应陪他一起玩其他电子游戏、看电视，所以此时我希望他看到我选择了延迟满足，即完成工作后再奖励自己。我之所以以写作和演讲为职业，原因之一就是这样能拥有更多陪孩子的时间。但是我很容易因为他们而选择妥协，陪他们一起玩，推迟手头的工作。所以，这一次我要坚定自己的立场。

通常我开始写一本书时，每天都会离家几个小时，在咖啡馆或图书馆里安静地工作。此时由于疫情，我没有别的选择，只能在家里工作，所以写作的过程总是受到干扰，不断被打断。如果我停下手头的工作去儿子的阁楼，戴上 VR 头盔，和他一起进入虚拟世界，就有了一段与儿子的共同体验，但是结束后，我又要花很多时间重拾写作思路，才能继续工作。他真的希望我能和他玩，但他也明白在这种情况下他需要控制自己，所以他一直在为我加油，让我按时完成每天的工作量，无聊时还会带着弟弟妹妹们去游泳，让我安心工作。这一晚他对我说："妈妈，我为你这么辛勤地工作感到骄傲，当你点击'发送'交稿时，我会非常开心。那样我们就可以一起玩一整天了，对吗？"

能够做出明智选择且拥有自控力的儿童和青少年会逐渐意识到他们可以掌控自己的生活。在身处逆境时，他们能够承担风险，克服困难。他们懂得吃一堑，长一智，而不会重复消极的行为模式。

重点结论

1. 确保孩子身边的人能够帮助孩子强化你重视的性格特征，达到你设定的道德标准。

2. 拥有坚强的性格有助于提升自信，有了自信才能培养韧性和情感意识，这正是你对儿子的期望。

3. 通过教导、表扬和及时纠正，让儿子了解你珍视的价值。你必须在与人（任何人）交往的过程中体现你的价值观，从而向儿子展现这些价值观。

4. 时常关注善行。

5. 善待他人。

6. 教育你的儿子为自己的行为和选择负责。

7. 让你的儿子知道，一次小小的贡献，一个小小的行动，都能让世界变得更美好。

8. 尊重差异，就要尊重不同群体拥有不同价值观这一事实。我们应心怀包容，与他们交流，向他们学习。

9. 能够做出明智选择且拥有自控力的儿童和青少年会逐渐意识到他们可以掌控自己的生活。

4

找到内部驱动力

每一次直面恐惧，你都能从中获得力量、勇气和自信。
你要对自己说："经历过这种恐惧，还有什么事能难倒我呢？"

——

埃莉诺·罗斯福

不屈不挠是被剥夺了一切之后，仍然坚韧不拔、保有智慧。坚毅是拥有坚定的驱动力，能够激发你学习知识、坚定信念，帮你实现目标，成为自己生活中的主导。坚定的意志能带来积极的影响力。

我们希望儿子明白这一点，能够在今后的人生旅程中不断积蓄力量、增强韧性、提高情商。我们的儿子通常认为自己是被动的接受者，而不是主动的行动者。小时候，很多事情他们都无法控制，因此，如果每个人都对他们指手画脚，他们很容易感到疲惫。为了帮助他们培养坚定的意志，我们需要让他们明白，他们有能力控制自己的生活。

在《自驱型成长：如何科学有效培养孩子的自律》一书中，奈德·约翰逊和威廉·斯蒂克斯鲁德把"控制点"定义为一个人的信念，即他们认为自己行为的结果是由他们的选择决定还是完全由外部因素决定。例如，一个拥有外部控制点的孩子，如果考试不及格，他会说这是因为老师没有告诉他考试的内容。而一个拥有内部控制点的孩子在考试不及格时，会认为这是因为他学习不够努力。

拥有内部控制点的孩子会获得更大的成就，他们勇于承担责任，容易走出困境，敢于反复尝试，会不断取得进步。妈妈们，我们可以做一些简单的事情来帮助我们的孩子形成强大的内部控制点。

- 我们应该告诉他们，不论成功还是失败，他们都应勇于承担责任。
- 我们可以告诉他们，不完美也没关系。
- 我们可以用他们过去取得的成就鼓励他们，帮助他们培养坚定不移和坚持不懈的精神。
- 最重要的是，我们需要记住，一旦他们了解了努力与成功之间的关系，就会不断地继续尝试。

妈妈们，和他们一起努力吧，帮助他们找到自己擅长的事情。

第十章

正念生活：专注于当下

> 正念是指觉察当下发生的一切，而不做任何判断；
> 享受当下的快乐，随遇而安，不执着（因为当下总是会改变）；
> 遇人不淑时不畏惧（境遇终会改变）。
>
> ——詹姆斯·鲍拉兹

　　肖娜的大儿子读小学时经常被人欺负。她做了很多方面的工作，帮助儿子认识自己的价值，教育他面对问题时保持冷静。他拜访了许多治疗师，并开始在家中做正念练习，学习在任何情况下感受自己的身体和思想，完全活在当下。最后，肖娜决定让孩子在家里学习，因为现在的教育体系无法满足儿子的需求，于是让他退了学。

　　过了很长一段时间，她遇到了另一位母亲，两人的儿子以前上学时在同一个班。这位妈妈立即拥抱了肖娜，说有一件和肖娜儿子有关的事一直没机会告诉她。她说自己的儿子被班霸欺负时，肖娜的儿子曾为他挺身而出。这位母亲告诉肖娜，肖娜的儿子对自己的儿子说："有问题的人不是你，而是他。下次他再欺负你时，你就记住这一点。"一直以来，肖娜总是担心那些班霸对儿子做的事会影响他以后的生活。听了那位妈妈的话后，她不再忧虑了。

对男孩们来说（其实是所有孩子），他们的问题是很难保持正念，不懂如何觉察当下。正念就是停留在当下，既不做白日梦，也不分神。让儿子（还有我们自己）坐在舒适的椅子上，配上柔和的音乐，这样很容易就能保持正念，或可以短暂地专注于当下。事实证明，学习保持正念有助于减轻压力、保持健康、改善情绪，帮助儿子更加了解自己、了解自己的感受以及身体对周围环境的反应。

我在前文中谈到过神经的可塑性，妈妈们，我们现在就可以利用神经的可塑性来帮助我们的儿子。孩子的神经系统具有适应性，会随着他们的经历而改变。这就是为什么我们要努力让他们的童年充满美好的经历，培养他们，让能够帮助他们茁壮成长的人与他们建立联系。为了有效地将过往的经历转化为持久的力量，我们的儿子需要将注意力长时间集中在这些经历上，这会对他们的神经系统产生影响。就像肖娜的儿子那样，我们也希望我们的孩子能够记住并利用过往的经历做善事，关注他人的感受。然而遗憾的是，我们的儿子大多难以集中注意力，思绪总是飘忽不定。再者，我们现在的文化被各种媒体渗透，人们必须一心多用，追求光鲜亮丽的目标，因此备感压力、焦虑和抑郁，即使是最优秀的人也难以集中注意力，更不用说有些人天生就比其他人更容易分神。

写这本书时，我发现了一款新的应用程序，它是一款为苹果电脑设计的名为"自我控制"的工具。这款工具会将社交媒体、新闻平台、喜剧网站和流媒体服务等热门应用列入黑名单。用户也可以自行选择需要屏蔽的网站。如果你设置了屏蔽时间，即使你从电脑中删除了这个应用程序，只要时间没到，就仍旧无法访问被屏蔽的程序。我向大儿子介绍了这个应用程序，他当时从事自由职业，一边做音视频编辑，一边准备加入大学课程和实习项目，为了挣学费，他需要专心工作。而像我一样，他天生就容易分神。使用过两次后，他说这款应用程序是有史以来最好的发明。

学会了保持正念，你的儿子就能控制自己的注意力，最大限度地利用有益的情形，同时降低负面情形的影响。坚定的意志很有用，而将要做的事情列成清单，或者使用其他约束行为的技巧，也能帮助我们集中注意力。不过，有时我们的男孩可能需要我用的那款应用程序来帮助他们训练自己的专注力。幸运的是，保持正念的能力可以不断提升。保持正念的能力就像一块"精神肌肉"，你的儿子们可以通过日常练习来强化它。随着时间的推移，持续的正念练习能够赋予他们沉着冷静的心态。

做注意力的主人

那么，如何才能在不小题大做的前提下，将正念融入儿子的生活呢？为什么要这么费尽周折呢？因为，你儿子是他的注意力的主人。你越早教会他认识到其神圣性，就能阻止这浮躁的世界以他不情愿的方式夺走他的注意力。为他示范如何放慢速度，一次只做一件事，全神贯注地做。如果他在成长过程中看到你全神贯注地做事，他也会学会全神贯注，并将其应用到自己的关系和工作中。

从简单的事情开始，和儿子一起玩正念游戏；和他们一起看书；定好时间，将注意力集中在自己的呼吸上。我还写了一沓题为"与焦虑和解"的卡片，详细介绍了一些简单有趣的正念活动，你可以和孩子一起做，帮助他们学会放慢脚步，欣赏世界。

创造一个安全的空间

正念练习能够帮助孩子认识自己，深入了解自己的感受。如果你与儿子建立了牢固的情感联结，他们就会向你敞开心扉，这能深化你们之间的关系。有时，当他们开始深入了解自己和自己的感受时，可能会感到不适。因此，我们需要给他们创造一个安全空间，方便他们思考重大的问题。帮助他们创造一个安全空间，也能够有效地鼓励他们努力认识自己。

对于小孩子来说，这个安全空间可以布置得简单一些，比如在他们的房间里搭一个小帐篷，里面堆放一些枕头、毛绒织物，摆上书、台灯以及一个音乐或有声书的播放器。孩子长大后，如果可能的话，我们可以让他们自己设计房间里的摆设。我们搬到新家时，大儿子的新房间就是他自己布置的。他住在阁楼间，比其他房间大两倍，就像一套单间公寓。他的阁楼里一边摆着床、书桌和一个旧蒲团，另一边是工作区，他在那里从事视频剪辑和图片编辑工作。他的大部分时间都在阁楼里度过，他在此处工作、游戏、思考自己的未来。对他来说这里是最理想的地方：他可以在这里思考人生，享受独处的时光，想和弟弟妹妹玩的时候，走两段楼梯就能找到他们。

第十章 正念生活：专注于当下

让头脑活跃起来的方法

治疗师们一致认为，让头脑活跃起来的方法主要有三种。首先，教儿子用他们所有的感官、思想和情绪去探索当下在他们身边发生的一切。他们能够感受到自己的情绪。他们能够体验到这些感受。当下发生的事情可能会改变，但他们不应该主动去改变。他们只需要去感受。

其次，教儿子在给定的情况下最大程度地减少消极情绪。如果他们能防止、减少或停止消极思考，由此带来的疼痛和伤害也会减少。他们还可以通过以下方式减少消极情绪，比如向你发泄不满、写日记、画画、离开现场、从消极的思想循环中解脱出来，通过深呼吸或放松身体来缓解紧张的情绪。

最后，学会在特定情况下增加积极因素。通过创造快乐，帮助自己专注于令人愉快的事。当他们需要这些积极体验时，就能想起这些愉快的经历并从中汲取经验。他们可以通过练习吸气改善血液循环，增加能量，也可以回忆美好的时光，或是实事求是地看待现实对生活造成的影响，还可以通过想象积极的结果来激励自己。

在你的帮助下，你的儿子可以很好地应对消极情绪，治愈自己，增强幸福感。要做到这些，正念是不可或缺的，因为没有正念，孩子会无法应对消极情绪、治愈自己或保持清醒。正念练习最大的好处是它能够帮助你的儿子积累内在能量，从根本上提高其韧性和情商。例如，将注意力集中在积极方面，扩大积极情绪对孩子生活的影响，能够促使孩子关怀自我，给予他们对抗痛苦的能量。

回应孩子的愿望和需求

当儿子表达他们的愿望和需求时，引导他们思考自己的经历。鼓励他们想一想，家人对自己的愿望和需求做出的反应对自己会产生怎样的影响。与儿子们谈论他们想到的情况。如果他人的反应是善意的、有爱的，儿子们可能会觉得自己得到了支持，且自我感觉良好。然而，如果他人对儿子们的愿望和需求不屑一顾，儿子们可能会觉得自己的需求无关紧要，或者自己的愿望让人感到为难，进而认为自己有问题。

这些相互作用残留的影响在一个人的神经系统中日积月累，会形成一种内在意识，因为我们不仅会适应身体上的反应，也会适应自己体验到的内在反应。从儿子还小的时候起，我们对他们的愿望和需求做出的回应会直接影响他在余生中如何理解自己的愿望和需求，比如，哪些愿望和需求可以得到满足，哪些需要隐藏，哪些是可耻的。在回应儿子的需求前，请问一问自己：

- 我应该如何回应儿子的需求？
- 我应该如何满足儿子的需求？
- 在如何回应儿子的愿望和需求方面，我需要做出什么改变吗？

妈妈们，以这种方式警醒自己，可以帮助我们记住我们应如何养育和支持儿子，我们应该赋予他们力量，帮助他们理解自己的需求和愿望，而不是设法控制和改变他们。毕竟，他们的想法、梦想、愿望、需求和欲望都是真实的。只在某些情况下，他们的愿望和需求显得有些不合时宜或不现实。我们有责任帮助他们实现愿望，教导他们尊重自然的边界，不做不利于成长的事，但也不要羞辱他们，损害我们与儿子之间的情感。

三种基本情感需求

所有人都有三种基本的情感需求，这些需求会帮助我们保持脚踏实地，平衡生活，建立自信。现在我们会从培养儿子的韧性的角度来认识这些需求。

首先，我们的男孩需要安全感。他们需要知道自己接触的一切都是安全、健康的，而且在发表意见或表达自己的思想时不会受到攻击。其次，他们需要获得满足。即使是简单的事情也能带来满足，比如吃完饭后的饱足感，阅读一本好书的愉悦感，或与好朋友共处时的美好感觉。此外，我们在精神层面也能产生满足感，比如相信生活值得珍惜，为实现远大目标做出努力，在成就获得认可时感到喜悦。最后也是最重要的一点是，我们的儿子需要与他人建立情感联结。正如我在上一章中谈到的，他们需要感受到自己有价值和被爱。如果他们在生活中接触的都是善良之人，就能与他人建立良好的情感联结。所以，你的儿子看到你劳累时，会走到你身后帮你捶捶背；你的大儿子会给朋友发短信表示问候，这些都是最好的证明。在孩子还小的时候，我们可以多陪伴孩子，孩子长大后，让他们与朋友为伴，就能确保他们感受到自己与他人之间的联结。

承认自己拥有正常的需求

我们的文化要求男孩子必须要有"男子气概""要坚强""言出必行",因此,我们的男孩可能不好意思承认自己有需求。所以,作为母亲,我们有责任告诉他们,每个人都需要依靠他人,承认自己需要依靠他人是成长和成熟的标志。真正的男子汉会勇于承认自己拥有正常的需求。身心健康之人不会否定自己的需求,而是会关注自己和他人的需求。

帮助你的儿子学会关注自己的需求。他们可能需要安全感。那么当他们感到不安、烦躁或有压力时,请确保他们感到安全。如果他们感到无聊、沮丧或失落,可能是因为缺乏满足感,他们需要找到满足自我的方法。如果他们感到受伤、嫉妒、愤怒或对自己失望,他们可能需要与他人建立情感联结。我7岁的儿子今天刚刚问过我:"妈妈,你的书什么时候能写完?嗯……对不起。我知道这会是一本好书,但我只想和你一起游泳。"的确,最近我的工作比较多,因为我有日常工作,还要照顾家庭,承担教育孩子的责任;为了学习相关技能,我又报了一门课程,时间安排很紧张;此外我还要为写书做调研。这让我几乎没有时间游泳,虽然这样的情况只持续了不到两个月的时间,但对我的儿子来说,他需要感受我们之间的情感联结,似乎永远如此。(有没有人因为他保证我写的是一本好书,而产生一种心都被暖化的感觉?也许是因为我太爱我的儿子了……)

当儿子鼓起勇气向我们求助,把他们的需求告诉我们时,我们应认同他们的需求,努力帮助他们满足自己的需求,这样他们就能始终保持勇敢。虽然今天我很想满足儿子的需求,但我还不能陪他游泳。一是因为我们已经请了一个保姆陪他,二是我需要利用这段时间完成几千字的书稿，还要录制两个计划好的播客访谈。再说了，我今天有保姆帮忙，所以要抓紧时间工作，这样周末我就可以离开电脑，专心陪伴他们了。妈妈们，在这种情况下，我们需要对孩子的需求做出反应，让孩子安心。我快速给了儿子一个拥抱，而且是一个紧紧的拥抱，告诉他睡前我一定会哄他入睡，但现在他应该和他喜爱的保姆一起享受美好时光。

回忆心怀感恩的时刻

为孩子创造一个充满了感恩等积极情绪的环境，是培养韧性的关键。从务实的角度来说，积极情绪能够提高身体的抗压力，增强免疫系统，让我们保持健康。此外，它也能帮助我们从遭受损失或创伤后的绝望中走出来，让我们着眼大局，不易错失机会，鼓励我们坚持不懈，帮助我们与他人建立情感联结。

不妨试一试：引导儿子回忆让他们心怀感恩的时刻。可能是他们吃到最喜欢的甜点或和朋友一起玩的时候。然后问问他们想到这件事时的心情。如果有帮助的话，你就以这件事为例，说一说让你心怀感恩的时刻。当我们回忆心怀感恩的时刻，会产生一种别样的感觉。那是一种平静、满足、满意和意味深长的感觉，总之是一种美好的感觉。感恩之情有助于滋养乐观、快乐、自尊、同情、慷慨、宽厚和坚韧的品性，还能帮助我们与嫉妒、抑郁、压力、孤独和失眠作斗争。

心怀感恩不是否认烦恼或不公，重点在于你是否懂得感激。心怀感恩，是从初春到夏末，看到院子里盛开的花朵时，你因为它们为你的家增添了色彩而感激它们。心怀感恩，是孩子摔倒时，咯咯笑着跑到你身边寻求安慰，你因为他们对你的信赖而感激他们。心怀感恩，是你那处于青少年时期的孩子在午夜给你打电话，询问他是否可以在你侄子家过夜，因为他们想听那些关于你、你丈夫、孩子的伯父和伯母在他们出生之前就已开始的故事，你因为他们在乎你而感激他们。如果我们训练自己和儿子学会寻找让我们感激的事，那么每天的每一刻都能让我们心怀感恩。

例如，去年秋天我丈夫的父亲去世了。之前他一直病重，身体每况愈下。我们终于说服他搬来和我们一起住，以便照顾他。为此我们买了一栋更大的房子，比过去十年住的那栋房子离大家族近了很多，而原来的房子在一个小时的路程之外。我们在新家为他准备了一个房间，这里离他的其他孩子、姐妹、侄女和侄子都很近。就在我们准备取回新房的钥匙给他布置房间时，他突然在护理机构去世了。埋葬他的那一天，我们拿到了新房的钥匙。

孩子们很难接受他去世的事实，尤其是我的大儿子，他和爷爷的关系非常亲密。在接下来的几周里，我们搬了家，熟悉了新的社区，学会了欣赏我们以前很少关注的东西。新房子有一个阳台，我们每天早晨都会坐在阳台上惬意地喝咖啡，观赏孩子们的爷爷生前最喜欢的鸟儿。最重要的是，自从我和丈夫结婚以来，我们第一次和大家族如此亲近，因此心存感激。在过去几个月里，我的孩子们与表亲、姑姑和叔叔们在一起相处的时间是他们从未有过的。我的大儿子仍然非常想念他的爷爷，但他同样心存感激，因为他和我的侄子成了最亲密的朋友。利亚姆和特雷弗相差不到一岁，从来没有机会一起玩。现在我们两家只相距 15 分钟的路程，两个孩子每周都会在一起玩几天。如果我们能用心感受并懂得欣赏，我们也能从坏事中受益。

第十章 正念生活：专注于当下

请记得引导儿子每天心怀感恩。可以在吃饭时（也可以在睡觉前）让全家人轮流说出三件让自己感恩的事。如果你的儿子是一个喜欢写作的孩子，让他写一本感恩日记，像我在第一章中提过的那样。你也可以和儿子们一起坐下来，让他们给那些对你们的生活产生影响的人写一封感谢信，表达你们的感激。

克服恐惧的练习

创建表达感恩的家庭仪式，如前文提到的在晚饭时间轮流分享让自己感恩的事，可以帮助你的儿子坚定自己的信念，肯定自己的能力。每个人都会面临挑战，但脚踏实地的态度能让我们平心静气，帮助我们顺利度过艰难时期。当我们感到放松和快乐时，很容易获得平静的心境；但处于压力之下时就比较难做到了。而通常情况下，这是最需要我们保持冷静的时候。棒球满垒，胜败全在三垒时，击球手需要保持冷静、专注和警觉，这样才能做到人球合一，最终取得胜利。

如果儿子感受到的威胁超出了他们的应对能力，他们就会感到恐惧，不知所措，怀疑自我，步步退缩。有时的确如此，比如当孩子不断拖延，最终无法在最后期限完成作业时，他感受到的威胁就超出了自己的应对能力。但在大多数情况下，孩子会过度夸大威胁的程度，低估自己的内在力量。最近，我的大儿子说想和我谈谈他的未来。他一直在思考自己的未来，最后得出的结论是，他认为自己没有为成年做好准备，也没有能力谋生、支付账单或拥有自己的房子，并且无法与任何人保持长久的关系。

为了帮助他克服恐惧，我和他一起做了一个练习。无论你的儿子是青少年还是已经成年，当他们感到束手无策并向你求助时，这个练习都会有帮助。

让你的儿子描述他心里的想法和感受到的恐惧。我让我的大儿子尽可能详细地向我描述他心里的所有想法。我既没有插话，也没有劝告，只是静静地听他讲述。不过，我有时会提醒他说得更具体一些。当他提到"我永远都无法拥有自己的房子"时，我会让他说明原因，他说："我一拿到钱就花掉了，挣的钱也存不下来，不可能买得起房子。"这才是具体的问题，也是我们可以一起解决的问题。

问问他们认为每种情况发生的可能性有多大。以我的大儿子为例，他永远都找不到一份能养家糊口的工作吗？我们俩一致认为，这不太可能。因为他已经开始经营自己的生意，而且即将开始实习，同时攻读计算机科学学位。上一次我们在苹果电脑专卖店时，那里的经理对他拥有的知识印象深刻，当场就给他提供了一份工作，但失望地发现他只有17岁，还没到法定最低工作年龄。在大多数情况下，我们担心的都是可能发生的事情，所以谈论其实际发生的可能性会很有帮助。

最后，详细讨论每一个问题，判断其严重性。我们关注的是，如果害怕的事情真的发生了，儿子会有什么感受。他会有多难受，这种难受会持续多久？孩子最喜欢的叔叔今年50岁了，一直未婚。他会给所有年龄的人举办精彩的节日派对，在圣诞节前夜去侄女和侄子家，在他们的鞋子里装满糖果和橙子。他是一名医生，有丰富的医疗经验，会定期和任何有空的人共度游戏之夜，而且每年都带着寡母去世界各地旅行。如果你帮助儿子深入地思考他们的恐惧，他们会意识到这种恐惧感不会持续太久，也没有那么糟糕。

和儿子一起做这个练习时，鼓励他们回想自己用自信、勇气、同情、毅力和其他内在力量应对种种问题的时刻，再让他们想想如何运用同样的力量应对当前的挑战。

重点结论

1. 学习保持正念有助于减轻压力、保持健康、改善情绪，帮助儿子更加了解自己、自己的感受以及身体对周围环境的反应。

2. 学会了保持正念，你的儿子就能控制自己的注意力，最大限度地利用有益的情形，同时降低负面情形的影响。

3. 你越早教会儿子认识到注意力的神圣性，就能越早阻止这浮躁的世界以他不情愿的方式夺走他的注意力。

4. 教会你的儿子感受当下的一切。

5. 教会儿子在给定的情况下最大程度地减少消极情绪。

6. 教儿子学会在特定情况下增加积极因素。

7. 从儿子还小的时候起，你对他的愿望和需求做出的回应会直接影响他在余生中如何理解自己的愿望和需求。

8. 你的儿子需要感觉到安全、满足、有价值和被爱。

9. 身心健康之人不会否定自己的需求，而是会关注自己和他人的需求。

10. 当儿子鼓起勇气向我们求助，把他们的需求告诉我们时，我们应认同他们的需求，努力帮助他们满足自己的需求，这样他们就能始终保持勇敢。

11. 如果我们能用心感受并懂得欣赏，我们也能从坏事中受益。

12. 在大多数情况下，孩子会过度夸大威胁的程度，而低估自己的内在力量。

第十一章

通往坚韧的道路

在逆境中帮助过我的朋友,我将永远珍惜。在我人生得意时,
有人愿意陪我享受灿烂的阳光;当我陷入低谷时,
有人愿意帮助我走出黑暗时刻的阴霾。
相比之下,我更信任后者。

——

尤里西斯·S.格兰特

以赛亚出生 14 天后,沃丽夫妇收养了他。他天生对霹雳可卡因上瘾,出生时血液中还含有其他 7 种毒品成分。沃丽和丈夫以及他们的女儿们对有问题的孩子并不陌生,因为他们之前曾收养过高危和染上毒瘾的婴儿,还有出生时有严重缺陷的孩子,而且已经从抚养院收养过三个孩子。

以赛亚刚到他们家时,还只是一个 4 磅重的小男婴,一直不停地哭。他的神经系统始终处于失控状态,几乎无法应付日常生活。他不让人抱,不让人摇,也不让人喂食。沃丽不知疲倦地帮他克服毒瘾,期

第十一章 通往坚韧的道路

望他能步入正轨，过上幸福安全的生活，但是她始终弄不清他究竟想要什么。

以赛亚6个月时，一位发育儿科医生给他诊治后，告诉沃丽，这个孩子的一生将充满坎坷。他说，以赛亚的认知能力、接受能力和语言表达能力都是有限的。他可能会有严重的行为问题，在理解与沟通上也存在障碍。听到这个消息，沃丽备受打击，但她和丈夫决定，无论以赛亚与他们能相处多久，他们都会保证让他的人生拥有一个最好的开端。

他们让以赛亚参加早期干预项目，由多位治疗师共同努力，日复一日地帮助他康复。治疗内容包括简单的动作和感官游戏，可以让孩子学会如何控制自己的神经系统，此外还有语言疗法，主要是学习简单的短语和表达。

尽管儿科医生对以赛亚的预判比较消极，许多医生和治疗师的期望也不高，但以赛亚每天都在进步。1岁的时候，以赛亚说出了人生中的第一个字，随后就能完全自如地表达了。两年后，这个漂亮的男孩两岁半了，已经可以使用表达性和接受性语言。他还会使用推理技巧，也能时常与他人共情。这个曾被认为"永远不会说话"的小家伙变成了一个十足的话匣子，他能自如地使用复合句和复杂句，还会使用与年龄相符的高级词汇，他的四个兄弟姐妹都为他感到高兴。沃丽和丈夫告诉孩子们，只要努力就没有做不到的事情，而以赛亚每天都用行动向兄弟姐妹和自己证明了这一点。

有些孩子能掌控周围的情况，对发生的事产生影响，就像手里握着一把强大的钥匙，能够打开通往韧性的大门，这正是你希望孩子养成的性格。然而，明确地了解哪些事是自己无法控制的也同样重要，在自己无法影响或改变的事情上浪费时间和精力，反而会耗尽自己辛苦积攒的内在能量，结果对能够产生影响力的事情感到力不从心。

　　记住，你的任务是引导儿子，让他们了解哪些事是自己可以控制的，哪些事是他们无法控制的，这样他们就能学会控制自己的情绪反应。如果我们经常与儿子共情，倾听他们的想法，他们遇到困难时自然会向我们寻求帮助。作为家长，我们总是忍不住插手他们的问题，想帮他们解决。毕竟，我们希望儿子一切顺利。但是，即使我们能为他们解决问题，也要控制插手的冲动，转而引导他们，让他们自己思考解决问题的方案。如果你能以启发的方式引导他们，他们通常都会找到解决的方法。如果最后实在无法解决，你应该给他们一个大大的拥抱，告诉他们，有些事情的确是我们无法控制的，但你会一直陪伴和支持他们。

艰难时期仔细倾听

　　妈妈们，虽然我们可以尽力培养孩子的韧性，但有时我们会遇到极端的挑战，即使对最有韧性的人来说也是极大的考验。如果我们提前知道艰难时刻即将到来，比如敬爱的祖父或祖母即将去世，儿子不得不离开最好的朋友，或离婚这样的事，我们就有时间让儿子做好心理准备。然而，遇到突发状况或意外危机时，即使非常想让儿子做好准备，我们也会不知所措，需要努力保持坚强。

　　这就是为什么我们需要不断提高儿子的情商，帮助他们培养坚韧的性格。这是一项需要持之以恒的工作，就像服用预防性药物，我们应将

第十一章　通往坚韧的道路

其确立为惯例，不断增强儿子的内在能量，以备不时之需。

在艰难时期，孩子会依赖你，所以你也要保存自己的内在能量。你需要在稳定情绪和自我关怀方面成为孩子的榜样，同时让他们知道，只要有你在，他们就是安全的。龙卷风、飓风、地震、恐怖袭击和战争等突发事件对孩子们造成的影响让我们知道如何为应对危机做好准备，我们应该在培养儿子坚韧性格的同时充当他们的安全网。

在极端情况下，你要做的最重要的一件事情就是倾听孩子的心声。这个方法非常简单，但十分有效，能够表达你对儿子的爱，以及在他们感到困惑时你能够接受他们的感受。我在前文提过，2020年3月，整个美国因为疫情封锁了，我和大儿子特雷弗正在得克萨斯州。我们参加了一个有关教育的会议，我在会上发言时，我儿子在帮我照看我与另一位演讲者（我的朋友帕姆·巴恩希尔）共用的展位。大会本应持续到周六晚上，但由于疫情，政府要求大会在周五下午结束。

从广播中听到这一公告后，整个会场沸腾了起来。供应商、演讲者和与会者都设法充分利用他们在会场的最后两个小时。家长们盲目地购买大量课程、有趣的游戏和补充资源，供应商和演讲者紧张地改签机票以便提前离开，我们也手忙脚乱地收拾东西。然而不幸的是，我和帕姆为了让前来咨询的家长能坐下来和我们聊聊天，就租了一些桌椅放在展位中，但出租公司周六早上才能过来取家具，于是我、帕姆和特雷弗被困在这里，只能按原定计划在周日凌晨坐飞机离开。

周三晚上我和特雷弗乘飞机抵达时，会议中心的四围车水马龙，热闹非凡。只见人来人往，熙熙攘攘，餐厅排起了长队，每个角落都挤满了人。而周六早上，我们从酒店走到出租公司，再回到酒店时，发现一切看起来怪怪的。在不到 12 个小时的时间里，整个地方变得空空荡荡。我们在去会议中心的路上只遇到过一个人，在回酒店的路上看到过三四个人。其实本来没那么可怕的，但是因为人们的反应太大了，我们也觉得没有安全感。

那天下午，我们被困在酒店，特雷弗独自在房间里看电影，一边吃着我们在杂货店里买的零食；而我上楼去帕姆的房间工作，一边和她聊天。那天晚上，特雷弗很安静，我问他是否愿意谈谈他在想什么。他说愿意。结果他一开口就停不下来了。在这一整天里，他的脑海中思绪万千：我们还能回家吗？飞机会不会停飞？既然城市可以封闭会议中心，那么我们州也可以封闭学校，飞机场和州界不都有可能被封锁吗？要是我们无法离开得克萨斯州，不得不在酒店里隔离，那该怎么办？突如其来的通知令他感到苦恼，此时我们又远离家乡，他的内心有些混乱。坦率地说，他的这些疑问都有可能发生，我也不知道该如何回答。那一刻我完全没了主意，因为每次我打开新闻，情况都在发生变化。

在孩子遇到困难时仔细倾听，我们就能像侦探一样发现蛛丝马迹。在倾听的过程中我们可以寻找线索，判断孩子真正的问题是什么，他们听到了什么，他们了解什么，不了解什么，对当下发生的事情他们是如何理解的，他们能从我们这里获得什么样的帮助。在孩子遇到问题时仔细倾听的目的主要是帮助孩子消除他们的误解，让他们不会过于紧张和害怕。

当你问年龄小一点的男孩在想些什么时，他们可能无法准确地描述，这时我们不能只是简单地倾听。你的儿子可能需要你的帮助，才能

第十一章 通往坚韧的道路

找到表达自己感受的语言。在他们玩耍或画画时陪他们一起玩，让他们表演或画出他们脑海中想到的事。给他们做示范，告诉他们你的感受或你认为他们可能会有什么样的感受，鼓励他们以创造性的方式表达自己的感受。

年龄大一点的孩子向你描述问题时，可能会给自己戴上一个假想的面具，用别人的身份向你描述。"利亚姆一直穿着鞋子睡觉，因为他觉得要是发生地震，他就能立即跑出去。他是不是疯了？"不要揭开儿子假想的面具，即使你怀疑真正害怕的人是他，你应该假装不知道，继续谈论他讲述的那个人的恐惧。你可以这样说："我知道利亚姆为什么会害怕。昨天发生了那么强烈的地震，人们都从睡梦中惊醒了，然后又接连发生了几次余震，的确让人不安。你觉得利亚姆应该怎么做，才能让自己感到安全呢？"鼓励年龄大一点的孩子分享他们的感受，以引导的方式问问题，不要以任何方式轻视或贬低他们。说话时语气平静，使用适合孩子年龄的语言。

不要强迫孩子开口说话。有些孩子深受突发情况的影响，却表现得若无其事。他们倾向于逃避现实，保持沉默。但这些孩子在正常的日常生活中可能会表现得更好。在因疫情被封锁的几个月里，所有户外活动都被取消了，我们一家人只能待在家里，但我最小的儿子好像完全没有受到影响，而且还挺自在。可有一天他大声喊道："我也不知道怎么了，但我就想见见其他人，想去外面转一转。"然后扑在我怀里哭了起来。

如果你曾明确向孩子表示，你会永远支持他们，与他们共情，给予他们安全感，那么在孩子还没准备好找你谈心之前，不要强迫他们。你可以通过向他人倾诉的方式，为孩子示范如何寻求安慰。让他们看到你如何和年龄大一点的孩子讲话，在电话中如何向朋友或配偶倾诉。故意大声地说出来，在倾诉一切之后你感觉好多了。

遇到恐怖事件、自然灾害、暴乱或瘟疫等重大危机时，最好直接与儿子沟通，让他们了解现状，告诉孩子一家人如何行动，才能保证生命安全和身体健康。找一个舒适的地方，让全家人聚在一起。这样做可以增强大家的安全感。如果你的孩子年龄较小，不要告诉他们太多细节和信息，不要让他们感到害怕。如果你的孩子年龄比较大，你需要与他们深入交流，给他们分享自己想法的机会。如果你的孩子年龄大小不一，你可以先把所有孩子召集在一起，与他们同时交谈，然后再与年龄大一点的孩子深入交流。实事求是地告知他们正在发生的事。遇到自然灾害这类重大危机时，你无法保证孩子不受影响，特别是他们的生活会因此暂时或长期发生变化时，孩子必然会受到影响。我们不能为了保护孩子而不让他们了解事情的真相，但也不需要向他们详细描述。你需要根据每个孩子的情况，决定与他们分享多少信息。所以，了解孩子非常重要。

记住，关于发生过的事件，年幼的孩子只需要简单具体的解释，而年龄大的孩子和青少年需要更详细的描述。比如发生了恐怖事件，我们可以对年幼的孩子说，有人受伤了，有人被杀了，但现在事情已经结束了，当局正在努力解救和帮助受伤的受害者，坏人也已被击毙。当然，怎么向孩子解释，还需要考虑孩子的社交和情感需求。你的孩子你最了解，你应该相信自己。大一点的孩子可能会问你问题。如果你知道答案就回答，但请记住，如果你不知道也如实告诉他们，有更多信息时一定会及时让他们知道。最重要的是，无论儿子年龄多大，都要让他们感到放心，让他们知道自己是安全的。

如果你们真的处于一种不太安全的状况中，不要对孩子撒谎。告诉他们，你会竭尽全力确保全家人的安全，警察、军队、救援人员等也会保证周边环境的安全。2020年3月，整个州被封锁，政府也因疫情发布了居家令。我们向孩子们保证，我们一家人都很安全，全家人都在一起，我们也有足够的生活用品，可以生活一段时间。要是我丈夫从杂货店买东西回来，但是没有买到清单上的东西，或者用其他物品替代，孩子们无法理解时，我们会简单地向他们解释："店里食物充足，只是碰巧你爱吃的黄瓜卖完了，所以爸爸买了其他东西。我们还有很多肉，去年秋天买的牛肉和夏天从本地农场买的鸡肉足够我们吃很长时间了。"

安排活动保持常态

发生悲剧或自然灾害时，无论生活变得多么混乱，你仍然可以为孩子们安排一些常规活动，给予他们安全感。哪怕你们需要在庇护所生活一段时间，你也可以这么做，比如在饭前或睡前祈祷，在睡前讲故事或唱歌，分享心怀感激的事情，等等。如果你们在家，尽量遵守家里的规则和日常安排，但需要了解一点，孩子们在比较茫然时，行为可能会发生改变。这时你更需要安慰和抚慰他们。发生创伤性事件时，孩子会更加依赖你，这是完全正常的。

疫情期间，我的孩子们特别关心一时无法见到的亲人和朋友。我们会定期与他们视频通话，我也延长了孩子们使用电子产品的时间，因为这是他们唯一可以与朋友交流的机会。在困难时期，你的儿子会耗尽他们积累的耐性，你也如此。尽你所能维持各种日常安排。记住，创伤可以通过多种行为体现出来，如冷漠、愤怒、沮丧、退缩和寻求关注等。对自己和孩子都要有耐心。

互助互爱走出困境

"小时候在新闻中看到可怕的事情时，妈妈总会对我说：'害怕的时候就找人帮忙。总会有人愿意帮助你。'"这是罗杰斯先生的一句名言，它能广为流传是有原因的：人总会需要帮助，而那些性格坚韧的人也总是乐于助人。请鼓励你的孩子在需要时寻求帮助，同时多给他们讲讲那些帮助他人的故事。然后和孩子一起讨论，作为家人能够给予彼此什么帮助。

在我写完本书并开始打磨其中的字词时，我们的国家迎来了一个又一个挑战。意见不统一、关系紧张的情况十分明显。几个月以来，人们不断被各种信息轰炸，首先是疫情在全球肆虐，然后又发生了反对警察的暴行和种族主义的各种抗议活动和骚乱。家家户户都担惊受怕，不知所措，但新闻中也报道了许多英勇的事迹，有人站出来捍卫真理，为正义而战，勇敢地帮助那些受疫情和危机影响的人。给孩子们讲讲这些帮助他人的故事，为他们树立可以学习的榜样。乐于助人的品质能增强儿子的自控力和自尊心，让他们在面对挑战时能更好地应对，并更快地走出困境。让孩子阅读书籍，了解国家的历史，帮助在骚乱中受损的企业清理现场，帮助那些不方便购物的老太太买食物或杂货，向遇难或受伤的人致敬，等等，这些都是我们的儿子可以帮忙的事情，也是他们能够在危机中学习的事情。

第十一章　通往坚韧的道路

儿子遭遇创伤性事件时，总会期望我们帮他们解决问题。此时我们说什么他们都会听，他们也会通过我们的肢体语言观察我们有多么紧张，看看我们是否一如往常，留意我们与他人说话时的语气或态度是否与我们告诉他们的不同。如果你需要与他人谈论一些可能会让你的孩子感到害怕的事，最好私下里说，但不要让孩子察觉你们在秘密交谈。如果孩子知道你可能在谈论可怕的事情，他们会更加焦虑，你希望提供给他的安全感也会因此削弱。

遗憾的是，没有什么办法能够让我们的儿子彻底免受自然灾害、流行病、恐怖主义或其他大规模创伤事件的伤害。但是，我们对创伤性事件的反应，以及我们给予孩子的支持，足以抵消创伤性事件对他们造成的潜在负面后果，经历过创伤事件后，儿子可能会变得更加坚强。妈妈们，我们要坚守底线，保持冷静，不断提醒儿子我们爱他们，他们是安全的。请记住，孩子对家庭的强烈依恋和对你的依恋，就是你给儿子的最好保护，不仅能帮助他们走出困境，而且能让他们在未来长期受益。只要始终和孩子站在一起，尽量减少负面情绪，与孩子共情，倾听孩子的心声，展示自己的信心，感应孩子的情绪，你的家庭就能够走出困境，你也会变得更加强大。

重点结论

1. 不断增强儿子的内在能量，使之成为一种惯例，以备不时之需。

2. 在稳定情绪和自我关怀方面成为孩子的榜样，同时让他们知道，只要有你在，他们就是安全的。

3. 在孩子遇到困难时仔细倾听，我们就能像侦探一样发现蛛丝马迹。

4. 在孩子遇到问题时仔细倾听的主要目的是帮助孩子消除他们的误解，让他们不会过于紧张和害怕。

5. 如果你曾明确向孩子表示，你会永远支持他们，与他们共情，给予他们安全感，那么在孩子还没准备好找你谈心之前，不要强迫他们。

6. 关于发生过的事件，年幼的孩子只需要简单具体的解释，而年龄大的孩子和青少年则需要更详细的描述。

7. 遇到危急情况时，不要为了安慰孩子而对他撒谎。

8. 发生创伤性事件时，孩子会更加依赖你，这是完全正常的。

9. 给孩子们讲帮助他人的故事，能够为他们树立可以学习的榜样。

结语：相信自己和孩子

> 关于养育子女，我向来郑重其事。
> 我想陪伴孩子们，帮助他们了解这个世界，
> 培养他们的技能，提高他们的情商，让他们享受生活。
> 幸运的是，这一切我都做到了，我养育了两个身心健康的男孩。
> ——
> 琼·库萨克

10岁的洛根正在哭泣。过去的几个月里，她的焦虑达到了近乎疯狂的程度，难以预知何时会突然情绪崩溃、陷入恐慌或害怕退缩。她的日常生活被打乱，而她即将进入青春期，身体里的激素自然也会影响她的情绪。

这一次，由于她弄丢了最喜欢的乐高小人的帽子，她又陷入了绝望。那是一顶非常小的帽子，很可能永远都找不到，因为我家有一只喜欢嚼乐高玩具的狗；而且我丈夫花一大笔钱买了真空吸尘器，早就吸光了所经之路上的一切。我知道肯定找不到了，所以只能抱着她。

在我7岁的儿子艾萨克的心中，姐姐就像太阳一样。他走了进来，知道姐姐心爱的东西弄丢了，立刻为她感到难过。他轻轻地揉了揉她的背，问她需要什么。她哽咽着说完后，他就消失了。接着我听到了开

门和关门的声音。他上了楼，在他们俩的卧室里找东西。然后他又去了客厅，他们两人每天下午都在那里玩乐高。最后，他一个人去了地下室（他以前从来没有一个人去过地下室），把17岁的特雷弗小时候装玩具的旧箱子全都翻了个遍。

几分钟后，他拿着一些小零件上楼了。"洛根，我找不到鲍勃戴的那顶帽子了，但我在旧乐高玩具箱里找到了这顶帽子，和你丢的那个看着很像。我也帮你找到了三个乐高的发型零件和这只很酷的乐高猫。我还想把我的乐高比萨给你。我爱你。"

我的儿子们每天都让我刮目相看，他们不断地展现出战胜挑战的能力，与他人共情的能力和在逆境中保持乐观的精神。他们是不是已经很完美了？不。你的儿子不完美，我的儿子也不完美。但我很肯定，那些在美好的时候和困难的时候都能表现出色的孩子，一定与作为妈妈的你建立了深厚的情感联结，是你让他们拥有跌跌撞撞地前行、摔倒又重新站起来的机会。

坚韧不等于完美。再坚韧的人也不是无懈可击的。即使你真的无懈可击，你也不想养育一个坚不可摧的儿子。有时孩子需要经历艰难的路程，为他人挺身而出。我们的儿子需要在困境中学会变得坚强、自信、有同情心、坚毅且能与他人共情。如果你的儿子有机会经历挑战，也表现出较高的情商，请不要忘记评论并赞美他们的敏锐。儿子们关爱他人时，请给予鼓励；儿子们帮助他人时，请指出他们的善举。

男孩的妈妈们，在纠正孩子之前先与孩子建立情感联结，同时培养孩子的韧性，能够强化你与儿子之间的关系。如果你能够虚心地做孩子的学生，就会对孩子产生新的认识，而你对他的理解也能深化你们之间的关系。此外，如果你深入了解了儿子，就可以帮助他们以积极、健康的方式

结语：相信自己和孩子

成长。那么不仅你的孩子能够茁壮成长，整个家庭也会变得温馨和睦。

培养儿子的韧性，不仅仅关乎孩子的现在，更关乎他们的未来。培养孩子坚韧的品格就是给他们准备了一个装满技能和资源的工具箱，可以帮助他们应对在童年、青少年和成年时期面临的所有坎坷和曲折。培养一个坚韧的孩子，就是培养了一个20年后在节假日时还能与你共进晚餐的人。

使用本书中的策略培养你的儿子，能够帮助他成为更好的兄弟、朋友、丈夫和父亲。例如，当儿子把正念和感恩融入日常生活中，他就会更深刻地理解自己，懂得欣赏生活中的美好，也能更好地控制自己的感受和情绪。

不过，请注意：要做到这一切，你并不需要成为一个完美的妈妈，也不需要参加昂贵的项目。你只需要陪伴、鼓励和倾听。学会放手，让孩子去探索、玩耍、与他人建立社会关系。有时你也会犯错。你可以利用自己犯错的机会，向儿子展示你也在成长和学习。

我希望这本书能够促使你在养育孩子方面做出小小的调整，采取适合你的孩子和你个人情况的策略。当你在儿子不断成长和改变的过程中再次翻开本书时，我希望你知道，作为一个男孩的妈妈，你有多么伟大，而且在育儿方面你已经拥有丰富的经验。也许你能告诉我，我在哪些方面写得不够好，这样我就可以更好地帮助你的儿子以及其他孩子健康地成长。

请相信自己。你的儿子是完美的，作为他的母亲，你也是完美的。请记住，在如何养育你的孩子这件事上，你才是专家，而不是我或任何其他专家。妈妈们，请记住这一点。

最后，关爱儿子，不要让他们怀疑自己的能力，要让他们知道，在他们需要你的时候，你总会支持他，帮助他们重建韧性和内在能量。让你的儿子知道：

- 你深爱他们。
- 他们拥有无限潜力。
- 你会让他们明白，他们的世界由自己掌控。
- 他们有能力解决大多数问题。
- 他们可以保持专注，有能力控制自己的思想、感受和情绪。
- 他们都是独一无二的，有自己独特的气质、兴趣和优势，无论怎样你都会支持他们。
- 你能够照顾好自己，这样他们就知道该如何关爱自己和他人。
- 为了他们和所有的孩子，你会努力让这个世界变得更美好，他们也可以。

在儿子出生时，你把他抱在怀里的那一刻，或者像我的朋友沃丽那样把孩子带回家时，你就已经是一个完美的妈妈了。妈妈们，最大的挑战还在前方。有一天，当你抬头看着高大的儿子时，你可以在心里对自己说："你无所不能。你很坚强。你很坚韧。你很善良。你很棒。"这些我都经历过。现在特雷弗比我高出一英尺，他和他爸爸跟我说话时，要是不看着他们，我都分不清是谁在和我讲话了。但他很坚强。当他准备好了的时候，他自然能卓然挺立。

妈妈们，你们的儿子也可以。你们也可以。

致 谢

有了研究人员、专家、心理学家和父母为儿童发展做出努力,未来会越来越好。本书的主题是人性和儿童发展,世界各地的父母都可以阅读。感谢所有努力成长并帮助父母成长的人。让我们共同携手,努力把我们的孩子培养成坚韧、善良、懂得相互关爱的下一代。

在此感谢所有让我有机会学习、教学或相知的人,感谢你们为本书提供了灵感和基础。

产生想法并将其转化成一本书是极具挑战性的工作。这一过程困难重重,但我收获颇丰。我特别感谢帮助我实现这一目标的每一个人。感谢尤利西斯出版社团队给予我研究这一重要问题的机会,并如此迅速地将此书呈现给大家。反复修改书中的观点、细节和重点并非易事,在此过程中,我有幸得到阿什滕·埃文斯和凯西·沃格尔的指导,感谢你们对我的鼓励和支持,以及为使本书尽善尽美做出的努力。同时,感谢本书的设计团队和制作人员,感谢你们不懈的努力,我已经迫不及待地想与全世界的人分享这本书了。

感谢我那可怜的被我忽视的孩子,他们经常因为我在工作而无法按时吃饭,而他们听到的最多的一句话就是:"抱歉,我要写书。"我的儿子甚至对我说:"真不明白有些人为什么总是说要写书,写书有什么意思,每天面对着一台电脑和一堆书。"你们不知吃了多少顿即食麦片粥、燕麦片、拉面和冷冻比萨，感谢你们。我保证很快就能给你们好好做饭了。特别感谢我的儿子特雷弗和艾萨克，感谢你们让我分享你们的故事。

如果没有我那最优秀、最聪明、最坚强、最坚韧的丈夫，我不可能完成本书。我们在一起 20 多年，写作本书时正是我们最艰难、最痛苦的一年。这一年里，我们失去了一位至亲；家人突然患病，进了医院的急诊室；我们搬了家，卖了两套房子；全家人一起经历了疫情。在遇到巨大的创伤性危机时，我们一起战胜了许多家庭和工作中的挑战。布莱恩，你是我和孩子们最坚实的依靠，一直帮助我们保持坚韧。我如此爱你。谢谢你对我的信任。

我还要感谢我的朋友、同事和所有支持我的人，虽然我无法一一列举。你们和我分享了儿子的故事，大力支持我，还不厌其烦地听我谈论本书。感谢谢丽尔·皮特、沃丽·古德、肖娜·温格特、帕姆·巴恩希尔、克里斯蒂·斯特贝尔顿、珍·韦尔、喀提林·科里、凯拉·安得森、艾丽西娅·哈钦森、玛丽·威尔逊、杰西卡·瓦尔德克、约西亚·史密斯、萨曼莎·尚克、艾琳·波赞、克里斯蒂娜·伯杰和塔拉·威廉斯。我爱你们。